未成年後見の実務

専門職後見人の立場から

日本司法書士会連合会 [編]

Guardianship of Minors System

発行 民事法研究会

はしがき

　法律上、未成年者が法律行為を行う場合は、一定の場合を除き、法定代理人の同意を得なければならず、その同意を得ないで行った法律行為は取り消すことができることとなっています。そして、法定代理人たる親権を行う者がいないなどの場合には、一定の者の請求により、家庭裁判所が未成年後見人を選任することとなりますが、その選任にあたって家庭裁判所が考慮する事情は、当該未成年者の年齢、心身の状態並びに生活および財産状況をはじめ、未成年後見人となる者の職業、経歴などとされています。

　このように、親権者が死亡する等未成年者に対し親権を行う者がいなくなった場合、未成年者の生活と権利を護るために、その身上監護、財産管理の役割を果たすのが未成年後見人です。事案によっては、司法書士等の専門職が未成年後見人に選任されることがあり、特に財産管理が重要な事案ではその必要性は高まっているものと考えます。つまり、家庭裁判所において、未成年後見人に一定の専門資格を有する者を選任することがふさわしいと考える場面も多くの場合に存するであろうことは、想像にかたくありません。

　平成23年3月に発生した東日本大震災においては、未成年者が、すべてを頼っていた親権者たる両親を亡くすということが多く発生しました。この時に多くの司法書士が当該震災の被災者である未成年者の後見人として家庭裁判所から選任され、今も未成年後見業務を継続しています。

　司法書士は、成年後見制度が創設されて以来、現在に至るまで、その担い手である成年後見人等として、法律専門職の中では最も多くの事件を受託し、その実績を積み重ねてきました。これは、日本司法書士会連合会のみならず、公益社団法人成年後見センター・リーガルサポートの活動によるところが大きいものと考えます。しかし、成年後見人が、成年被後見人の、特に介護にかかわる事務を中心とした「身上監護」と、生活を支える財産の維持に力点をおくべき「財産管理」を主たる業務としている一方、未成年後見人

はしがき

は、未成年者の「監護・教育」に力点をおくべき「身上監護」と、その後の長い人生設計を考慮した「財産管理」を業務とするという大きな違いがあるという点に留意しなければなりません。

すでに、全国各地においては、多くの司法書士が未成年後見人に選任されており、日々その職務を行っていますが、成年後見制度と比較して、その実務実績は量的に少なく、また、法律専門職としての情報提供は不足しているといえます。

そこで、未成年後見人としての職務に精通した司法書士を中心として、これから未成年後見人に就任する全国の司法書士の的確・適正な業務執行に資することを目的として本書を出版することとしました。

本書が、該当する未成年のみなさんの将来に、重要な役割を果たす専門職未成年後見人の職務遂行の指針となるよう願っています。

平成27年5月

日本司法書士会連合会会長　齋木　賢二

『未成年後見の実務』

● 目　　次 ●

第1章　未成年後見制度の意義・現状と課題

Ⅰ　未成年後見制度の意義と専門職の役割……………………………… 2
　1　はじめに／2
　2　司法書士による取組み／2
　3　民法（親権法）および児童福祉法等の改正／4
　4　未成年後見制度における専門職の役割／4
　5　本書の構成／6
Ⅱ　未成年後見制度の現状と課題──研究者の視点から……………… 7
　1　はじめに／7
　2　未成年後見事件の動向／8
　　〔図1〕　未成年後見人および未成年後見監督人選任申立ての新受
　　　　　件数の推移／8
　3　未成年後見制度の課題／10
　4　結　び／16
Ⅲ　身上監護等における親族後見人との連携の必要性と可能性
　　──弁護士の視点から……………………………………………………18
　1　未成年後見制度の趣旨と実態／18
　2　複数選任により専門職後見人の選任が容易になったこと／19
　3　未成年後見人のあり方／19
　4　大阪弁護士会の取組み／21
　5　無報酬案件への支援／22
　6　結　び／23

目　次

Ⅳ　養育者の権限と専門職未成年後見人の権限──里親の視点から………24
　　1　児童虐待の増加／24
　　2　ファミリーホームと児童の養育／24
　　3　代替養育の考え方と養育者の権限／25
　　4　里子養育における損害賠償／29
　　5　専門職未成年後見人制度への期待／30

第2章　未成年後見制度の基礎知識

Q1　未成年後見制度と成年後見制度には、どのような違いがありますか……………………………………………………………………32
　　1　未成年後見の開始原因・時期／32
　　2　未成年後見人の指定・選任／33
　　3　未成年後見人の数／33
　　4　制限行為能力制度の例外／34
　　5　未成年後見人の事務／35
　　6　医療行為の同意／35
　　7　未成年後見の絶対的終了／35
　　8　公示制度／35
　　9　民法以外の法律／36

Q2　未成年後見業務と成年後見業務には、どのような違いがありますか……………………………………………………………………38
　　1　成年後見業務／38
　　2　未成年後見業務／38

目　次

第3章　未成年後見人の実務

Q3　未成年後見人の選任の方法について教えてください …………42

1　遺言による指定／42
2　申立てに基づく家庭裁判所による選任／42
《コラム》　民法以外の規定に基づき申立ての義務を負う者／43
3　家庭裁判所による職権追加選任／44

Q4　未成年後見人に就任した場合、まずやらなければならないことやスケジュールを教えてください ……………………………45

1　財産調査および財産目録の作成／45
2　財産目録の作成前の権限／46
3　債権債務の申出義務／46
4　未成年者が包括財産を取得した場合の法律関係／47
5　具体的な事務スケジュール／47
〈表1〉　届出により戸籍に記載するもの／49
〈表2〉　嘱託により戸籍に記載するもの／50
【書式1】　未成年後見人選任審判書（権限分掌なし）／51
【書式2】　未成年後見人選任審判書（権限分掌あり）／52
【書式3】　後見事務報告書（後見人就任時）／54
【書式4】　財産目録／56
【書式5】　収支予算書／57

Q5　未成年後見人として職務を遂行する際の資格の証明について教えてください ………………………………………………58

1　戸籍の記載事項証明書、審判書の謄本／58
2　金融機関等への対応／59
【書式6】　戸籍記載例（権限分掌なし）／60

5

目　次

　　【書式7】　戸籍記載例（権限分掌あり）／62
Q6　未成年後見人の権利と義務について、身上監護業務を中心に
　　教えてください …………………………………………………………64
　1　未成年者の身上監護の特殊性／64
　2　親権者と同一の権利義務／65
　3　善管注意義務／66
　4　身分法上の行為／66
　5　親権の制限についての審判申立て／67
　6　監督義務者の責任／67
　7　未成年後見人が複数ある場合の権限・行使方法／67
Q7　未成年後見人の権利と義務について、財産管理業務を中心に
　　教えてください …………………………………………………………69
　1　財産管理権／69
　2　代理権の制限／70
　3　財産管理業務における未成年後見の特徴／73
　4　財産管理権と身上監護権との関係／73
　5　未成年者から未成年後見人への財産譲受行為等の取消し／74
Q8　未成年後見業務遂行中の家庭裁判所への提出書類、後見報酬
　　について教えてください ………………………………………………75
　1　提出書類／75
　2　未成年後見人の報酬／76
　　【書式8】　後見事務報告書（業務遂行時）／78
　　【書式9】　報酬付与申立書／80
　　【書式10】　報酬付与申立事情説明書／81
Q9　未成年後見人による親権代行について教えてください ……………82
　1　親権の代行／82
　2　親権代行の監督／82

目　次

Q10　未成年者特有の収入支出について教えてください…………83
　1　相続に起因する収入／83
　2　未成年者の固定収入／84
　3　未成年者が管理する収入／84
　4　未成年者の支出／84

Q11　未成年者の学校に関する手続について教えてください…………86
　1　入学手続／86
　2　学費の支払い等／86
　3　奨学金の申込み等／86
　4　学校行事等への参加／87
　5　習い事・学習塾等／87

Q12　未成年者の就職・アルバイト時の留意点について教えてください……………………………………………………………88
　1　労働基準法における未成年者の区分／88
　2　未成年者の労働契約／89

Q13　未成年者が運転免許の取得を希望する場合の留意点について教えてください……………………………………………91
　1　家庭裁判所、未成年後見監督人との連携／91
　2　契約の取消し等／91
　3　家庭裁判所、未成年後見監督人への報告等／92

Q14　未成年者が進学や就職のために一人暮らしをする場合の留意点について教えてください…………………………………93
　1　居所指定権／93
　2　保証人／93
　3　家庭裁判所、未成年後見監督人への報告等／94
　4　損害賠償等／94
　5　生活上の注意／95

目　次

Q15 未成年者が相続人となる相続手続を進める場合の留意点について教えてください …………………………………………………96
　1　熟慮期間／96
　2　特別代理人／97
　3　遺産分割協議の留意点／97

Q16 未成年者自身に相続が発生した場合の財産の行き先を伝えるときの留意点について教えてください …………………………………98

Q17 未成年後見業務の終了原因、未成年後見人の欠格事由について教えてください …………………………………………… 100
　1　未成年後見の終了原因／100
　2　未成年後見人の欠格事由／102

Q18 未成年後見業務の終了時の職務について（家庭裁判所への終了報告の留意点も含めて）教えてください ………………… 103
　1　管理計算義務／103
　2　管理計算義務者／104
　3　未成年後見監督人の立会い／104
　4　家庭裁判所への終了報告／104
　5　戸籍の届出／104
　【書式11】　後見事務報告書（後見終了時）／106
　【書式12】　財産引継報告書／108

Q19 未成年後見の終了に関するその他の民法の規定を教えてください ……………………………………………………………… 109
　1　未成年者と未成年後見人等との間の契約等の取消し／109
　2　返還金に対する利息の支払い等／110
　3　委任の規定の準用／110
　4　未成年後見に関して生じた債権の消滅時効／111

目　次

Q20　未成年後見業務が終了した時点の戸籍法上の手続について教えてください …………………………………………………………… 113
　1　未成年後見人としての業務が終了した場合／113
　2　未成年後見監督人としての業務が終了した場合／114
Q21　未成年後見業務終了時の財産の引き継ぎにおける留意点について教えてください ………………………………………………… 116

第4章　未成年後見監督人の実務

Q22　未成年後見監督人の選任の方法や基準、欠格事由について教えてください …………………………………………………………… 120
　1　遺言による指定／120
　2　申立てに基づく家庭裁判所による選任／120
　3　家庭裁判所の職権による選任／120
　4　未成年後見監督人が選任されると思われる事案／121
　5　未成年後見監督人の欠格事由／121
Q23　未成年後見監督人の業務と留意点について教えてください …… 123
　1　未成年後見監督人の職務／123
　2　受任者および未成年後見人の規定の準用／125
　3　親権喪失等の審判請求権／125
　4　未成年後見監督人の業務の特殊性／125
Q24　未成年後見事務の監督、未成年後見監督人の同意を要する行為について（取消権を含めて）教えてください …………………… 127
　1　未成年後見事務の監督／127
　2　未成年後見監督人の同意を要する行為／127
　3　取消し／128
　4　制限行為能力者の相手方の催告権の準用／128

9

目　次

Q25 未成年後見監督業務の終了時の職務について（家庭裁判所への終了報告の留意点も含めて）教えてください ……………………… 130
　　1　未成年後見の計算／130
　　2　未成年後見監督人の立会い／131
　　3　戸籍法上の届出／131

第5章　未成年後見業務の関連知識

Q26 未成年後見事件について、家事事件手続法ではどのように規定されていますか ……………………………………………………… 134
　　1　子の意思の把握／134
　　2　管　轄／134
　　3　手続行為能力／134
　　4　陳述および意見の聴取／135
　　5　即時抗告／135
　　6　成年後見事件の規定の準用／136
　　7　保全処分／136

Q27 未成年後見業務を遂行するにあたり、子どもの権利の観点から留意すべき点はありますか ……………………………………… 137
　　1　子どもの権利条約／137
　　2　民法、家事事件手続法／138

Q28 各法律で定める「保護者」の定義・責任の違いについて教えてください ……………………………………………………………… 139
　　1　児童福祉法／139
　　2　児童虐待防止法／140
　　3　少年法／140
　　4　学校教育法／141

5　その他の法律／141

Q29　児童相談所や児童養護施設とは、どのような機関・施設ですか … 142
　　1　児童相談所／142
　　〈表3〉　全国児童相談所一覧／143
　　〔図2〕　児童相談所における相談活動の体系・展開／149
　　〔図3〕　市町村・児童相談所における相談援助活動系統図／150
　　〈表4〉　児童相談所が受け付ける相談の種類および主な内容／151
　　2　児童養護施設／152
　　3　児童福祉施設等への措置／153
　　〔図4〕　児童相談所と児童福祉施設等との関係／153

Q30　里親制度やファミリーホームとは、どのような制度・事業ですか ………………………………………………………………………… 154
　　1　里親制度／154
　　〔図5〕　里親の種類／155
　　2　ファミリーホーム／156
　　3　養育者の権利義務／157

Q31　後見制度支援信託について教えてください ……………… 159
　　1　未成年後見における後見制度支援信託の利用／159
　　2　信託契約締結までの流れ／160
　　3　専門職後見人の辞任と親族後見人への引き継ぎ／162
　　【書式13】　後見制度支援信託利用適否のためのチェックシート／163

Q32　未成年後見人支援事業について教えてください ………… 164
　　1　実施主体／164
　　2　事業内容／164
　　〔図6〕　未成年後見人支援事業のスキーム／165
　　3　補助対象者の要件──対象となる未成年後見人／165
　　4　対象期間／166

目　次

　　5　申請方法等／167
　　6　保険金の請求／167
　　7　身元保証人確保対策事業／167
　　8　児童虐待防止対策研修事業／167
Q33　児童手当の取扱いについて教えてください………… 168
　　1　支給対象／168
　　2　手当額および支給月／168
　　3　手当を受ける者／169
　　4　施設等に入所している児童の児童手当／169
Q34　医療ネグレクトにより児童の生命・身体に重大な影響がある場合の対応について教えてください………… 171
　　〔図7〕　医療ネグレクトにより児童の生命・身体に重大な影響がある場合の対応の流れ／172

第6章　〈座談会〉司法書士と未成年後見業務

　　1　はじめに／174
　　2　未成年後見業務と成年後見業務の違い／179
　　3　未成年後見に特有の業務／181
　　4　司法書士会の支援体制／185
　　5　未成年後見業務の報酬／190
　　6　未成年後見業務の終了に伴う財産の引渡し／192
　　7　本人の相続／194
　　8　未成年後見制度の問題点／196
　　9　司法書士が未成年後見業務にかかわる意義／199

・執筆者紹介／202

●凡　例●

法　令

民	民法
旧民	平成23年改正前民法（民法等の一部を改正する法律（平成23年法律第61号）による改正前の民法）
児福	児童福祉法
障虐	障害者虐待防止法（障害者虐待の防止、障害者の養護者に対する支援等に関する法律）
高虐	高齢者虐待防止法（高齢者虐待の防止、高齢者の養護者に対する支援等に関する法律）
児虐	児童虐待防止法（児童虐待の防止等に関する法律）
少年	少年法
学校	学校教育法
手続	家事事件手続法
手続規則	家事事件手続規則
戸籍	戸籍法
旧戸籍	平成23年改正前戸籍法（民法等の一部を改正する法律（平成23年法律第61号）による改正前の戸籍法）
戸籍規則	戸籍法施行規則
労基	労働基準法
年少規則	年少者労働基準規則
障害	障害者総合支援法（障害者の日常生活及び社会生活を総合的に支援するための法律）
身体障害	身体障害者福祉法
知的障害	知的障害者福祉法
手当	児童手当法
生保	生活保護法
条約	子どもの権利条約（児童の権利に関する条約）
地自	地方自治法

判例集

民録	大審院民事判決録		訟月	訴訟月報
民集	最高裁判所民事判例集		法時	法律時報
家月	家庭裁判月報		ひろば	法律のひろば
民商	民商法雑誌			

●参考通知等●

厚生労働省雇用均等・児童家庭局長通知

- 児童虐待防止対策支援事業の実施について（平成17・5・2雇児発第0502001号。最終改正：平成24・5・14雇児発0514第1号）
- 児童養護施設等の小規模化及び家庭的養護の推進について（平成24・11・30雇児発1130第3号）
- 身元保証人確保対策事業の実施について（平成19・4・23雇児発第0423005号。一部改正：平成21・7・24雇児発0724001号、平成24・3・29雇児発0329第9号）

厚生労働省児童家庭局長通知

- 児童相談所運営指針について（平成2・3・5児発第133号。改正：平成24・3・21雇児発0321第2号、最終改正：平成25年12月27日雇児発1227第6号）

厚生労働省雇用均等・児童家庭局総務課長通知

- 「児童相談所長又は施設長等による監護措置と親権者等との関係に関するガイドライン」について（平成24・3・9雇児総発0309第1号）
- 医療ネグレクトにより児童の生命・身体に重大な影響がある場合の対応について（平成24・3・9雇児総発0309第2号）

●参考文献等●

- 岩井俊『家事事件の要件と手続』
- 梶村太市『新版実務講座家事事件法』
- 吉田恒雄「未成年後見」月報司法書士485号12頁～16頁
- 竹澤雅二郎＝荒木文明『改訂設題解説戸籍実務の処理Ⅵ——親権・未成年後見編』
- 金子修編『逐条解説家事事件手続法』
- 西田芳正ほか『児童養護施設と社会的排除——家族依存社会の臨界』
- 日本弁護士連合会子どもの権利委員会編『子どもの虐待防止・法的実務マ

ニュアル〔第5版〕』
・島津一郎＝松川正毅編『基本法コンメンタール――親族〔第4版〕』ほか
・水野紀子ほか編『家族法判例百選〔第7版〕(別冊ジュリ193号)
・渋谷元宏＝渋谷麻衣子『親権・監護権をめぐる法律と実務――民法の一部改正（親権停止制度等）を踏まえて』
・於保不二雄＝中川淳編『新版注釈民法⑵親族⑸――親権・後見・保佐及び補助・扶養』

第1章

未成年後見制度の
意義・現状と課題

I　未成年後見制度の意義と専門職の役割

1　はじめに

　民法の規定上は、親権者がいないときまたは親権を行う者がいないときは、当然に未成年後見が開始するとし（民831条1号）、未成年後見人を選任するべき状況となりますが、これまではその多くについて、選任の必要性が認識されず、あるいは選任が回避されて、これらの未成年者の保護は、事実上、親族や児童福祉関係の機関や施設などによる養育に委ねられてきました。そして、未成年後見人選任の必要に迫られたケースにおいても、その主な担い手は親族でした。未成年後見は、親権の補充および延長と位置づけられ、「親代わり」の機能が期待されるためです。

　おそらく、親権者がない未成年者の親族や、このような未成年者に接する機会が多い児童福祉関係の機関や施設など未成年者の権利擁護にかかわる方々にとっても、未成年後見制度を利用することによる課題解決、ましてや専門職未成年後見人選任の必要性はあまり認識されていなかったものと思われます。

2　司法書士による取組み

(1)　福祉・生活再建の支援の動き

　ところで、司法書士は、成年後見分野においては、制度施行時から適正な成年後見人等の供給等を通して制度推進へ一定の役割を果たしてきました。そして、個々の事例における成年後見人等の活動は、地域社会が抱える福祉と司法の狭間にあるさまざまな問題の発見につながり、今や高齢者、障害者等の福祉分野における関係機関との連携は日常のものとなっています。

　また、司法書士は、多重債務問題等を中心に生活困窮状態にある方々の法

的解決や生活再建に伴走的に携わり、時には問題解決のためのあるべき法制度構築に向けて組織の垣根を越えたソーシャルアクションを行ってきました。これらの経験から、貧困問題や社会的排除等の問題への関心が高まり、社会的養護（第5章Q29参照）を経験した子どもや若者に対する支援の取組みが広がっています。

このような背景から、これまで注目を浴びてこなかった「もう一つの後見」である未成年後見制度にも専門職としての関与の可能性を探る動きが始まり、それと同時に全国からすでに未成年後見人に就任している司法書士などの専門職の情報が蓄積してきました。

日本司法書士会連合会（以下、「日司連」といいます）による未成年後見制度の調査研究等の事業は、平成15年頃から始まり、現在までに、司法書士の就任状況の把握、研修等を通じた支援、他の専門職団体の取組み状況のヒアリング等を行ってきています。

この間、親族未成年後見人の不適切な財産管理等に対する家庭裁判所の監督の強化や、成年後見制度における専門職後見人の実績を踏まえて、未成年後見においても司法書士の選任件数は増加しており、成年後見に比べ絶対数こそ多くないものの、もはや一部の司法書士だけが取り組む業務ではなくなってきています。そして、これらの事例の中には、未成年後見人が、成年後見との違いや未成年者との距離のおき方にとまどいながらも、財産管理業務を果たすにとどまらず、身上監護にもかかわり、未成年者にとって頼れる大人、よき相談相手の一人として存在していることに大きな意義を感じさせるものも見受けられます。

(2) 東日本大震災を契機とした動き

平成23年の東日本大震災は、親権者を亡くした未成年者の保険金請求や相続手続の問題を同時に多数発生させることとなり、未成年後見人の必要性がクローズアップされ、専門職の関与が求められました（第6章7など参照）。東北地方のある司法書士会では、現在、震災関連以外の未成年後見人の推薦

依頼にも対応するべく、取組みを行っています。

3　民法（親権法）および児童福祉法等の改正

平成23年法律第61号により、民法（親権法）および児童福祉法等が改正され（以下、これらの改正を「平成23年の民法等改正」といいます）、平成24年5月に施行されました。親権制限がより柔軟で利用しやすい制度となったことに伴い、親権を行う者がいない未成年者を保護する制度である未成年後見制度も、複数や法人の未成年後見人の選任が可能となったこと（旧民842条の削除、民840条2項・857条の2。本章Ⅱ3(2)(オ)(カ)、Ⅲ2参照）など、利用しやすい制度に改められ、その活用が図られることとなりました。

この改正の背景として、重篤な虐待事例が後を絶たず、社会問題化している中にあっても、民法上の親権制限である親権喪失制度（旧民834条）の利用事例が少なかったことがあげられます。児童福祉法、児童虐待防止法の改正による虐待対応の強化が図られても、民法の規定そのものを変えないことには抜本的な対策にならないとの問題意識がありました。

この改正は、平成19年の児童虐待防止法の改正法の附則2条1項（「政府は、この法律の施行後3年以内に、児童虐待の防止等を図り、児童の権利利益を擁護する観点から親権に係る制度の見直しについて検討を行い、その結果に基づいて必要な措置を講ずるものとする」）を受けて、審議を重ねた成果であり、主に、親子分離後における養育者と親権者との関係や、施設退所児童の自立の場面における親権（不）行使の問題など、これまで児童福祉の現場が抱えてきた実務上の諸課題の解消に一定の効果が期待できるものといえ、未成年後見制度の可能性を開いたものともいえます。

4　未成年後見制度における専門職の役割

前述した未成年後見人の選任を必要としないとする傾向は、財産をもたず、喫緊に法的な手続を必要としない未成年者に対して、今後も劇的には変

わらないかもしれません。そして、この点に関しては、さまざまな意見があることも理解できるところです。

また、「制度そのものの見直しという観点ではなく、あくまでも、『児童虐待の防止等を図り、児童の権利利益を擁護する観点』を出発点として、引き受け手の確保に主眼を置いた法改正や新たな制度の導入が順次行われ、その延長線上のものとして今日に至っている」（合田篤子「未成年後見制度の現状と今後の課題」法時86巻6号34頁以下）との指摘のとおり、現在もなお、親権および未成年後見の性質並びにこれら相互の関係が根本的に変わったわけではありません。このことから、親子という自然の愛情による保障を基礎にした親権の補充や延長である未成年後見に専門職が職業としてかかわろうとすれば、その権限と責任の範囲をめぐって判断に迷う場面に出会うことは不可避であり、現行の制度下では専門職の就任に対して消極の意見もあるでしょう。

しかし、これまで未成年後見制度が多く利用されてこなかった理由の一つに未成年後見人の担い手の不足が指摘されてきたところ、前記3のとおりの改正が行われたことおよび未成年後見支援事業（本章Ⅱ3(2)(イ)(エ)、Ⅲ5、第5章Q32参照）という公的な支援施策が限定的ながら導入されたことによって、これまで選任がためらわれてきた事案についても未成年者の保護および意思決定の支援の観点から積極的に未成年後見人が選任され、その給源として専門職の活用がなされる可能性が広がったことには違いありません。

親による未成年者の保護が何らかの事情で不足している場合に、それを社会的にどう補完するべきか。社会的養護の拡充と両輪となって、未成年後見が「社会化」に向けて舵を切り始めた今、これまで未成年後見人を経験してきた専門職が、今後未成年者にかかわる他の社会資源といかにつながっていくかが問われています。

5　本書の構成

　さて、本書では、まず本章においては、未成年後見制度に造詣の深い研究者、未成年後見業務に精力的に取り組んでいる弁護士、里子養育に携わる里親・ファミリーホームのそれぞれの視点から、未成年後見をめぐる制度・実務の現状・課題を概観します。

　また、第2章～第5章においては、司法書士、弁護士等の専門職が未成年後見人・未成年後見監督人の職務に取り組むにあたって必要な知識と実務上の留意点をQ&A形式でわかりやすく解説します。ここでは、未成年後見人・未成年後見監督人の権利や義務、後見事務の報告の内容や手続のほか、未成年後見に関連する制度や施設の内容や利用方法に触れています。

　さらに、第6章の座談会においては、実際の事例における工夫や悩みを紹介しながら、専門職による未成年後業務の指針を探ります。

Ⅱ　未成年後見制度の現状と課題
　　　——研究者の視点から

1　はじめに

　平成23年の民法等改正は、児童虐待防止に関連した親権関連規定の改正を目的としたものであり、その一部として未成年後見制度も改正され、それまで成年後見にしか認めらなかった法人後見および複数後見が認められました。その背景には、親権制度の改正により親権停止制度が新設され、これまでの親権喪失に比べて低いハードルで親権停止を認めることができるようになったため、親権を行う者がなくなる未成年者がこれまで以上に生ずる可能性があるところから、これらの未成年者の法的保護の必要性が大きくなったことがあげられます。また、児童福祉分野においては、児童福祉施設入所中の未成年者について多額の財産管理の必要が生じた場合や自立に向けた契約（雇用、賃貸借等）が必要であるにもかかわらず、親権者が正当な理由なくこれらの契約に同意しない場合など、親権喪失にまでは至らないが何らかの形で親権を制限する必要があるとき、未成年後見に付すことが必要なケースがありました。しかし、親族等をもってする未成年後見人の確保が困難な場合が少なくないところから、法人後見および複数後見を未成年者の場合にも認めることで、未成年後見人確保の可能性を高めることとされました（注1）。

　本稿では、こうした改正の趣旨に照らして、施行後の未成年後見制度の運用状況を概観し、未成年後見実務からみえてきた課題を明らかにし、その運用上、立法上の対応のあり方を探ることとします。

　（注1）　未成年後見制度改正の背景、内容については、吉田恒雄「未成年後見」月報司法書士485号12頁以下参照。

第1章 未成年後見制度の意義・現状と課題

2 未成年後見事件の動向

(1) 司法統計から

未成年後見制度の運用状況は、最高裁判所事務総局の司法統計年報によれば、東日本大震災で被災し親権を行う者を失った未成年者が218人（注2）となった平成23年度に若干増加したものの、この10年間では漸減傾向にあり、平成25年度では新受件数は2366件となっています。他方で、未成年後見監督人の新受件数は2.3倍に増加しており、成年後見監督人の新受件数の増加と同様の傾向を示しています。

〔図1〕 未成年後見人および未成年後見監督人選任申立ての新受件数の推移

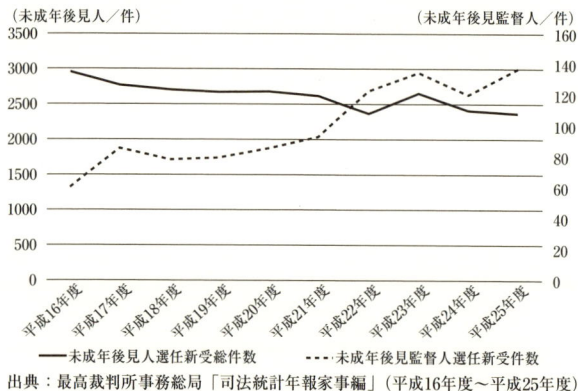

出典：最高裁判所事務総局「司法統計年報家事編」（平成16年度～平成25年度）

(2) 児童福祉施設入所等の措置と未成年後見

親権者または未成年後見人がない未成年者について一時保護または施設入所等の措置がとられている場合には、児童相談所長または児童福祉施設の長（以下、「施設長等」といいます）が、それぞれ「親権を行う者又は未成年後見人があるに至るまでの間、親権を行う」（児福33条の2第1項・2項・47条1項・2項）とされています。そのため、施設入所等の措置がとられている未成年者の法的保護のため、特に未成年後見人を選任する必要はなく、施設長

等による親権代行がなされることになります。しかし、そうした未成年者であっても、多額の財産を有する場合や遺産の分割等の場合には、未成年後見人の選任が必要となります（注3）。施設入所等の措置が解除された未成年者については、施設長等による親権の代行がなされないため、多額の財産管理や就職・居住等につき法的手続が必要な場合には、未成年後見人の選任が必要となります（注4）。

　厚生労働省の報告によれば、平成24年度に全国の児童相談所長が行った親権停止の審判の申立ては17自治体、27事例であり、児童相談所長が行った複数後見または法人による未成年後見人選任申立ては、8自治体、13事例でした。同じく平成25年度中に児童相談所長により申し立てられた親権停止事例は16自治体、23事例であり、未成年後見人選任申立ては10自治体、11事例でした。これらの事例で法人として未成年後見人に選任されたのは、未成年者が入所していた児童養護施設の設置主体である社会福祉法人、後見事業を専門としている特定非営利活動法人（NPO法人）、県の社会福祉士会であり、複数後見の事例は、弁護士と親族による事例や、司法書士と複数人の社会福祉士よる事例などがありました（注5）。

　(3)　司法書士会研修会から

　日司連の子どもの権利擁護委員会による「未成年後見研修会」（平成26年2月1日、福岡県福岡市電気ビル共創館）での福岡家庭裁判所後見センター主任裁判所書記官玉川敦氏、同家庭裁判所調査官小林知樹氏の報告によれば、同家庭裁判所管内の未成年後見事件申立件数はここ3年間およそ100件程度で推移しているとのことです。また、選任されるのは未成年者の祖父母、おじ・おばが多いのですが、近年は専門職が関与することが多いといいます（注6）。

　（注2）　厚生労働省社会保障審議会第35回児童部会資料3-2「雇用均等・児童家庭局における震災への対応について」（平成23年7月1日）。
　（注3）　「児童相談所運営指針の改正について」平成25・12・27雇児発1227第6

号厚生労働省雇用均等・児童家庭局長通知107頁以下。
（注４）　施設長等の親権代行と未成年後見との関係については、磯谷文明「法改正を踏まえた弁護士実務」ひろば64巻11号41頁参照。
（注５）　厚生労働省「平成25年度全国児童福祉主管課長・児童相談所長会議資料（平成25年7月）」7頁〜8頁、同「平成26年度全国児童福祉主管課長・児童相談所長会議資料（平成26年8月）」9頁〜10頁。
（注６）　宮野尾昌平「未成年後見研修会」月報司法書士506号96頁。

3　未成年後見制度の課題

(1)　未成年後見人による横領等の事件

　本来、被後見人の財産は後見監督人や家庭裁判所の後見監督により守られるべきですが、後見監督人がおかれないことや、おかれても有名無実になることもあります。家庭裁判所の監督は事後的な監督であり、後見人の故意による不正を防ぐことは難しいのです。また、後見事件の急増に対して、家庭裁判所の現在の体制では十分な対応をすることは困難でしょう。こうした背景から、未成年後見においても、成年後見と同様に後見人による横領事件が生じています（注7）。

　これに対して、最高裁判所の提案により、「後見制度支援信託」制度が設けられました（第5章Q31参照）。この制度は、通常使用しない金銭を信託銀行等に信託し、日常の支払いに必要な金銭を後見人に管理させることで、後見人による不正から被後見人の財産を保護しようとするものであり、未成年後見も対象となります（注8）。

　この制度については、家庭裁判所から親族後見人に対する説明不足や金融機関との打合せ等後見人の負担が大きいとの課題があります（注9）。特に未成年後見の場合は、成年後見と異なり、未成年者の成長に応じて必要な金銭を適時に、また状況に応じて使用する必要があることから、この信託制度では柔軟な利用が困難になるとの指摘がされています（注10）。

　このような状況からすれば、未成年後見における後見監督については、家

庭裁判所による監督強化が必要なことはもちろん、後見制度支援信託においては未成年者の保護という視点から成年後見とは異なる運用が検討される必要があるでしょう。

(2) 未成年後見人の職務をめぐる課題と展望

㋐ 身上監護をめぐる課題——未成年者との信頼関係

日司連子どもの権利擁護委員会および公益社団法人成年後見センター・リーガルサポートで組織された「未成年後見検討チーム」によるアンケート(以下、「アンケート」といいます)によれば、未成年後見業務経験者からは、思春期にある未成年者との信頼関係構築の難しさ、未成年者の成長とともに業務を行うことの難しさがあげられています。未成年後見人の職務は、多感な時期の未成年者にどのように向き合えばよいのかといった悩みを抱えながらの業務となります(注11)。その対応には、法的な知識だけでなく、児童心理学等の人間諸科学の知見の活用が不可欠です。そのためには、専門職による研修はもちろん(注12)、必要に応じて児童相談所や教育相談室、クリニック等専門機関の支援を求めることも必要でしょう。また、多職種からなるNPO法人を設立し、多面的な対応ができるようにすることも検討に値します(注13)。

これら他の専門機関との連携や多職種対応とともに、ドイツ法を参考に、未成年後見人と未成年者との個人的なコンタクトを義務化する等、未成年後見人と未成年者との間に、個人的な関係を形成させ、未成年後見人が未成年者に対する身上監護、財産管理義務を十分に果たせるような制度も検討されてよいでしょう(注14)。

㋑ 報　酬

アンケートでは、未成年後見人の報酬について、東日本大震災で被災し亡くなられた方の未成年者への義援金や生命保険金の中から未成年後見人の報酬を受領することに対する抵抗感が示されています(注15)。

本来、未成年後見人の報酬は未成年者本人の財産から支弁するのが原則で

すが（民862条）、未成年者が十分な資産を有しない場合には、未成年後見人の報酬が確保されないおそれがあります。平成23年の民法等改正の際には、衆議院法務委員会および参議院法務委員会で、未成年後見人の報酬に対する公的支援、職務に伴う損害賠償責任に関する保険料の負担に対する支援等必要な措置を講ずべき旨の付帯決議がなされました。これに対応して厚生労働省の「児童虐待防止支援事業」に、未成年後見に対する後見人への報酬の支援として「未成年後見人支援事業」が設けられました（本章Ⅳ5、第5章Q32参照）。この事業では、児童相談所長が未成年後見人選任の申立人となり、未成年者の資産が1000万円以下であること、親族以外の者が未成年後見人となっていることが要件とされています。この場合の報酬額は一人あたり年額24万円とされています（注16）。

　しかし、実際には、児童相談所が関与しないケースであっても――未成年者の財産はできる限り将来の生活のために維持しておく必要があるところから――要保護児童（児福6条の3第8項）以外の子にも対象を広げるべきであるとの意見が出されています（注17）。今後、親族以外の第三者後見人の増加が予想されるところから、公的支援の充実がさらに図られるべきでしょう。

　　㈢　公示制度

　未成年後見においては、未成年者の戸籍に未成年後見人の本籍や筆頭者が記載されます（第3章Q5参照）。確かに、戸籍非公開原則により、未成年者の戸籍に記載された未成年後見人の氏名、本籍等は第三者には秘匿され、プライバシーは保護されることになりますが、未成年者の親等から未成年後見人のプライバシーが守られないおそれがあります。

　法人後見制度を利用すれば、未成年者の戸籍には法人の名称や住所が記載されるため、実際に業務を行う担当者個人のプライバシーは守られることになるでしょう。しかし、未成年者側の事情や地域性等から、適切な法人後見人の確保が困難なケースもあります。また、複数後見の場合、戸籍には複数

後見人の権限の分掌は記載されないため、審判書(【書式2】参照)により権限の証明とせざるを得ません(注18)。

成年後見に比べて未成年後見においては制度の対象者が少なく、新たに未成年後見登記制度を設ける実益は少ないかもしれません。しかし、上記のような状況を考えれば、未成年後見についても後見登記制度の採用を検討する必要性は大きいといえます(注19)。

　㈡　未成年後見人の損害賠償責任

未成年者による自動車事故やいじめ等、未成年者の不法行為に関して、監督義務者責任(民712条・714条)や監督義務者に対する責任(民709条)よる未成年後見人の損害賠償責任も重要な課題です。このような損害賠償については、損害保険による補填(自動車保険、自転車保険、子ども保険等)も可能ですが、これらの保険では未成年者の「過失」による行為であることが想定されており、故意の場合は免責事項となり保険金が給付されません。このように親族以外の未成年後見人の監督責任についても損害賠償の責任を課すことは後見人に過大な責任を負わせることになり、その結果、後見人に就任する専門家が減少するとなれば、未成年者の健全な成長を阻害する要因の一つになるおそれもあります(注20)。この点に関しては、報酬と同じく国会の付帯決議がなされているところであり、前述の未成年後見人支援事業の一つとして「損害賠償保険料補助事業」が実施されています。未成年後見人の報酬と同様に児童相談所長の申立てにより未成年後見人が選任されたケースで、都道府県が未成年後見人および未成年者にかかる損害賠償保険に関する手続を公益社団法人日本社会福祉士会に申請して行います。未成年後見業務の補償限度額は、対人事故・対物事故ともに1億円です(注21)。しかし、前述の場合と同様に「被保険者……の行為が……他人に損害を与えるべきことを認識しながら……行った行為……に起因する賠償責任」については保険金の支払いの対象とはされません(注22)。

未成年後見制度の活用の視点からすれば、未成年者による不法行為につい

ては、被害者保護の観点から保障は公費で行うこととし、損害賠償責任を未成年後見人に負わせないという方向での制度の見直しも検討されてよいでしょう（注23）。

　㈺　複数後見人相互の調整

　未成年後見人の追加選任による複数後見の場合、先任の親族後見人と第三者後見人の調整が問題となることがあります。すでに親族が未成年後見人となって熱心に職務を行っているものの財産管理に不安がある場合等では、職権で追加選任された未成年後見人と先任の未成年後見人との間で信頼関係を形成し、円滑に複数後見を行っていくことの困難さが指摘されています。また、未成年後見人が職務を遂行するうえで、未成年後見人の就任時に、家庭裁判所から未成年者の意向や親族、それまでの生活関係、先任の未成年後見人の職務執行の状況なども把握しておくことが重要であると指摘されています（注24）。

　㈻　法人後見制度

　法人後見では、未成年者の生育環境、個性による多様なニーズに対応して支援していく選択肢を広げることができます。すなわち、①未成年者が成人するまでの間、個人で支援を継続していくにはさまざまな困難が伴いますが、法人後見の場合には、そうした事態に対応できるでしょう（もっとも、長期の支援を永続して行うには法人にそれを可能にするだけの基盤が必要です）、②未成年後見人の疾病、事故等により後見職務を行えなくなったとき、法人であれば空白の期間を生ずることなく、支援を継続することができます、③未成年後見のしんどさから、個人で行うにはさまざまな事態に対応するための心理的、時間的負担が伴いますが、法人では他のメンバーからの支援を受けることができ、心理的負担を軽減することができるといったことが考えられます（注25）。

　しかし、法人が受任するとしても「顔が見える関係」は重要であり、未成年者に寄り添い、支援するには担当を固定するのが望ましいのです。法人後

見といっても未成年者本人との信頼関係の形成は不可欠です（注26）。特に未成年者との信頼関係の維持・形成については、前述のように、人間関係諸科学の知見の活用や他機関との連携が重要となるでしょう。

（注7） 未成年後見人である祖母が、交通事故で死亡した母親の保険金を横領した事件で、家庭裁判所が適切に後見監督をしなかったことを理由に国に損害賠償の支払いを命じた事例も報道されています（平成26年10月16日付け日本経済新聞朝刊）。成年後見事件ではありますが、成年後見人による成年被後見人の財産の横領事件に関して、家庭裁判所の家事審判官による成年後見人の選任・監督上の責任が問われた事件で、広島高判平成24・2・20訟月59巻3号1頁は、「成年後見の制度（法定後見）の趣旨、目的、後見監督の性質に照らせば、成年後見人が被後見人の財産を横領した場合に、成年後見人の被後見人に対する損害賠償責任とは別に、<u>家庭裁判所が被後見人に対し国家賠償責任を負う場合、すなわち、家事審判官の成年後見人の選任や後見監督が被害を受けた被後見人との関係で国家賠償法1条1項の適用上違法となるのは、具体的事情の下において、家事審判官に与えられた権限が逸脱されて著しく合理性を欠くと認められる場合に限られる</u>というべきである」（下線は筆者）として国に対して国家賠償法1条に基づく損害賠償を命じました。

（注8） 杉山春雄「後見制度支援信託の運用状況──アンケート結果の集計・分析」月報司法書士497号66頁。

（注9） 杉山・前掲（注8）68頁。

（注10） 日本弁護士連合会「未成年後見制度をより使いやすくするための制度改正と適正な運用を提案する意見書」（平成24年2月16日）8頁。

（注11） 久保隆明「未成年後見業務と司法書士──平成24年度実施のアンケート結果を踏まえて」月報司法書士505号36頁。

（注12） 久保・前掲（注11）40頁。

（注13） たとえば、NPO法人岡山未成年後見支援センター「えがお」では、司法書士、弁護士、元教員や元家裁調査官の行政書士、児童養護施設職員経験者や児童相談所経験のある行政書士や精神保健福祉士等、多彩な人材が関与し、多様な支援を行うことができる態勢が整えられています（竹内俊一「法人後見制度の実際」日本弁護士連合会平成25年2月第23回全

国付添人交流集会報告書252頁)。
(注14) 合田篤子「未成年後見制度改正の方向性——ドイツ法を手がかりにして」三重大学法経論叢28巻2号27頁。
(注15) 久保・前掲(注11)36頁。
(注16) 「児童虐待防止対策支援事業の実施について」平成17・5・2雇児発0502001号厚生労働省雇用均等・児童家庭局長通知(平成24・5・14雇児発0514第1号により改正)。
(注17) 久保・前掲(注11)39頁、日本弁護士連合会・前掲(注10)6頁以下。
(注18) 久保・前掲(注11)38頁。成年後見登記の場合、複数後見では登記事項証明書に当該後見人が担当する権限があわせて記載されます。
(注19) 久保・前掲(注11)38頁。
(注20) 久保・前掲(注11)39頁。
(注21) 厚生労働省雇用均等・児童家庭局長・前掲(注3)。
(注22) 公益社団法人日本社会福祉士会「未成年後見人支援事業に関する未成年後見人補償制度の手引き——平成26年度用」5頁。
(注23) 日本弁護士連合会・前掲(注10)6頁
(注24) 花島伸行「〈講演〉大震災と子どもたち——未成年後見制度の現状と課題」日本弁護士連合会平成25年2月第23回全国付添人交流集会報告書236頁。
(注25) 竹内・前掲(注13)249頁〜250頁。
(注26) 竹内・前掲(注13)250頁。

4　結び

　平成23年の民法等改正後の未成年後見制度の利用状況をみる限りでは、当初想定されたような利用がみられるものの、現状では利用の件数が増加したとはいえません。他方で、未成年後見人による未成年者の財産の横領事件が明らかになるなど、後見制度自体に伴う課題は残されており、後見監督人による監督だけでなく、家庭裁判所による後見監督の重要性が高まっています。また、未成年後見実務からは、改正直後から指摘されていた身上監護のあり方や報酬等の問題は、実際に未成年後見実務を行ううえでの支障となっ

ています。親族後見人による未成年後見と並んで、専門職による未成年後見人が複数後見人としてまたは法人後見人としてその職務にあたるのであれば、従来の「親代わり」としての未成年後見人ではなく、第三者が未成年後見人としての職務を適切に行うことができるよう、財産管理面はもちろんのこと、身上監護面についても多機関連携や公的支援の促進を図るべきですし、今後の制度の見直しにおいても未成年者に対する社会的な支援の一環として未成年後見制度を位置づけた制度の見直しが求められるでしょう（注27）。

(注27)　そのほか、平成23年の民法等改正後の状況を踏まえた未成年後見制度の課題と見直しの方向性については、合田篤子「未成年後見制度の現状と今後の課題」法時86巻6号37頁以下参照。

〈付記〉　注7に掲げた事例に関連した判例紹介として、本山敦「未成年後見と国家賠償」月報司法書士515号72頁以下を、本稿脱稿後に入手したことを付記する。

（駿河台大学教授　吉田恒雄）

第1章　未成年後見制度の意義・現状と課題

Ⅲ　身上監護等における親族後見人との連携の必要性と可能性──弁護士の視点から

1　未成年後見制度の趣旨と実態

　未成年後見人とは、親権を行使する者がいなくなった未成年者に対し、家庭裁判所の審判により選任される者です。その職務は、大きく分けて、①未成年者の監護・養育を行うこと、②契約能力のない未成年者に代わって適切な財産管理を行うことです。

　未成年後見人の法的な責任は重く、民法857条によれば、未成年後見人は、①未成年者の監護および教育の権利義務（民820条）、②居所の指定（民821条）、③必要な範囲の懲戒（民822条）、④自営業を営むことの許可（民823条）について「親権を行う者と同一の権利義務を有する」とされています。また、未成年後見人は、未成年者が他人に損害を与える行為をしたとき、未成年者が責任無能力者である場合（おおむね12歳未満とされています）には民法714条が定める監督義務者の責任を負い、未成年者に責任能力が認められる場合には監督行為の過失（民709条）として、損害賠償責任を負う可能性もあります。つまり、未成年者の養育や不法行為の損害賠償責任など、事実上、「親代わり」としての役割を求められます。

　その責任の重さから、従来は、弁護士、司法書士等の法律専門職が未成年後見人に選任されることは稀であり、未成年者と関係の近い親族が未成年後見人に選任されることがほとんどでした。そのような状態において、親族後見人による不適切な後見事案（その主なものは、未成年者の財産の私的流用です）が散見されることもあり、家庭裁判所の監督機能も十分とはいえませんでした。

　また、そもそも、未成年後見人が選任されずに、親族が未成年者を事実上

監護しているにすぎないことも多かったため、このような場合には、家庭裁判所の監督機能は及ぶべくもありませんでした。

2 複数選任により専門職後見人の選任が容易になったこと

平成23年の民法等改正により、未成年後見人の複数選任、法人の選任が認められるようになりました。これにより、法律専門職が未成年後見人に選任され、その職務を行うことが、より現実的となりました。

たとえば、未成年者の身上監護を親族後見人、財産管理を法律専門職が行う、といった役割分担が可能になりました。現在、法律専門職が未成年後見人に選任されているケースとしては、この役割分担のケースが最も多いと思われます。法律専門職としては、未成年者の身上監護という重責から解放され、自らの専門知識を活かせる財産管理に専念できることとなりました。

3 未成年後見人のあり方

法律専門職が未成年後見人となる場合は、主として親族後見人との複数後見であり、財産管理を職務とするケースが多くみられます。

(1) 身上監護と財産管理の交錯

しかし、仮に、複数後見によって、財産管理のみを行うこととなった場合であっても、未成年者の身上監護と財産管理は明確に分けられるものではありません。未成年者の日常生活において法律行為が必要な場面、多額の財産の処分が必要な場面は多く、たとえば、進学に伴う入学金・学費の支出、バイク・自動車の運転免許取得・購入、携帯電話の契約、アパート等の賃貸借契約などがあります。これらの財産処分、法律行為は、未成年者の生活、人生設計に密接にかかわる点では、単なる財産処分ではなく、身上監護の範囲であるともいえます。

契約能力のない未成年者が自由に処分できる財産は、未成年後見人が目的を定めて処分を許した財産および目的を定めないで許した財産のみであっ

て、その他の財産処分および法律行為は、未成年後見人の同意が必要です（民5条）。したがって、前述した財産管理と身上監護が密接に関連する部分については、複数後見で財産管理を職務とする未成年後見人であっても同意すべきか否か判断をしなければなりません。

そのため、法律専門職の未成年後見人が、財産管理のみを職務とする場合であっても、未成年者本人および身上監護を担当する親族後見人との協議が必要ですし、何より日頃から未成年者の生活状況に関心をもって把握しておく必要があります。

(2) 積極的に財産処分を行うべき場合

前記(1)と関連しますが、高齢者の成年後見人の場合と比べて、未成年後見人は、未成年者の成長発達のため、積極的に財産を処分する必要に迫られる場合が多くあります。

特に進学に要する費用は、場合によっては年間数百万円に上るうえ、未成年者の将来の人生設計に大きな影響を及ぼす選択ですから、未成年後見人は未成年者の進路選択に必要な情報を集め、適切な助言をできるようにする必要があります。また、進学に伴い奨学金等の財政支援を受けることができる場合もあるため、その点の情報収集、適切な利用も怠ってはなりません。

(3) 親族後見人の支援、幅広い知識・対応能力の必要性

また、複数後見の場合の親族後見人も、未成年者と別居している、若年である、未成年後見人に就任する以前は関係が疎遠であったなどの理由から、身上監護を適切に行っていくことに不安がある場合も多くみられます。また、未成年者の心身の状態によっては、非行に対応する少年司法手続、不登校・いじめ問題等に関する学校への対応、引きこもり・進路不定の場合の就労・自立支援、児童福祉施設出身者や障害者の場合の福祉サービスなど、幅広い知識・対応能力が必要になってくることも多く、それらの知識・対応能力を親族後見人が身に付けているとは限りません。

したがって、財産管理だけを職務とする法律専門職の未成年後見人が、事

実上、身上監護を率先して行うこと、また、親族後見人だけでは適切な身上監護をできない場合にその支援を行うことも必要になってきます。

(4) 幅広い分野の専門家との連携の必要性

前記(1)～(3)で述べたとおり、複数後見制度が創設され、法律専門職として財産管理のみを職務とする未成年後見人に選任された場合であっても、事実上、身上監護に関する職務を行わざるを得ないこと、そのための幅広い分野の知識・対応能力が求められます。

しかし、法律専門職の未成年後見人が、未成年者の身上監護および親族後見人の支援のために必要な幅広い分野の知識・対応能力を身に付けることは困難であり、また、身に付ける必要もありません。必要に応じて各分野の専門家、行政機関との連携を図り、適宜支援を行えばよいのです。未成年後見を行う法律専門職に必要な能力は、スーパーマン的な知識・対応能力を身に付けることではなく、必要に応じて各分野の専門家、行政機関と連携できる能力であるといえます。

4 大阪弁護士会の取組み

(1) 家庭裁判所からの推薦依頼

大阪弁護士会に対しては、大阪家庭裁判所から、未成年後見人の選任が必要な事件について、弁護士が選任されることが適切である事案について、未成年後見人推薦依頼がなされます。大阪家庭裁判所からの大阪弁護士会に対する推薦依頼の件数は、平成26年は30件を超え、近年増加傾向にあります。

推薦依頼がなされると、大阪弁護士会内に設けられた推薦委員会において、事案の内容に応じて、候補者名簿（候補者名簿については後記(2)参照）から家庭裁判所に推薦する者を決定し、未成年後見人に選任されるという運用がなされています。

(2) 候補者名簿の作成、研修の実施

未成年後見人の推薦依頼が増加するにしたがって、未成年後見人の担い手

が不足してきて、一部の先駆的な弁護士だけが未成年後見人となるという状況ではなくなりました。そのため、大阪弁護士会では、未成年後見人の候補者名簿を作成することとし、複数の弁護士会研修を受講することを名簿登載の要件とすることで、未成年後見人候補者の裾野の拡大、全体的な質の向上を図っています。しかし、現在のところ、その報酬に比して活動の負担が大きい未成年後見人への就任を希望する弁護士は、その需要に比べて十分ではありません。

(3) 弁護士賠償責任保険の未成年後見賠償責任特約

これは、大阪弁護士会独自の取組みではありませんが、全国の多くの弁護士が加入している弁護士賠償責任保険に、近年、未成年後見賠償責任特約が追加されました。未成年後見賠償責任特約に加入していれば、未成年者が不法行為によって、他人の身体・財物に損害を与え、未成年後見人が監督義務者（民714条）としての損害賠償責任を負うことになった場合に、その損害賠償を補償されます。その賠償範囲は、必ずしも民法上の監督義務者が賠償責任を負う範囲と一致しているわけではありませんが、多くの弁護士が未成年後見賠償責任特約に加入しています。

5　無報酬案件への支援

未成年後見人は、未成年後見人としての活動については、報酬付与の審判の申立てにより、未成年者の財産額、未成年後見人としての活動内容に応じて、報酬付与決定がなされ、未成年者の財産から報酬を得ることができます（民862条、手続39条別表第1・80項）。しかし、その報酬は、未成年後見人としての活動の負担に比べると決して多額ではなく、また、そもそも未成年者の財産が少ないまたはない場合には、未成年者の財産から報酬を得ることはできません。

そのような未成年者については、法律専門職が未成年後見人に選任されることを躊躇する可能性が高くなります。そこで、厚生労働省が実施している

Ⅲ　身上監護等における親族後見人との連携の必要性と可能性——弁護士の視点から

未成年後見人支援事業では、①児童相談所長の申立てであること、②未成年者の預貯金、有価証券、不動産の評価額が1000万円未満であること、③家庭裁判所から選任された未成年後見人が未成年者の親族ではないことの要件を満たせば、家庭裁判所の報酬決定額のうち月額2万円を限度として補助することになっています（第5章Q32参照）。また、未成年後見人支援事業の同じ要件のもとで、一定の保険料を支払えば、前記4⑶で述べた弁護士が加入できる未成年後見賠償責任特約に類似する補償を受けることもできます。

6　結　び

以上、弁護士、司法書士等の法律専門職が、複数後見制度で財産管理を職務として未成年後見人に選任される場合を想定して述べてきました。しかし、そもそも未成年後見人の職務は、たとえ複数後見制度により財産管理を職務とした場合であっても、法律以外の知識・対応能力が非常に重要になってくる職務です。したがって、法律専門職であるか否か、弁護士なのか司法書士なのかという垣根を意識せずに、意欲のある方が精力的に取り組んでいただくことが、未成年者の利益にかなうものと考えます。

（弁護士　木下裕一）

第1章　未成年後見制度の意義・現状と課題

Ⅳ　養育者の権限と専門職未成年後見人の権限
――里親の視点から

1　児童虐待の増加

　近年、児童虐待は大幅に増加し、社会問題として、連日のようにニュースが流れています。平成25年度の全国の児童相談所における児童虐待に関する相談件数は、厚生労働省発表の速報値で7万3765件でした。これは、10年前の2.7倍（平成15年度は2万6569件）、15年前の10.6倍（平成10年度は6932件）、20年前からは45.7倍（平成5年度は1611件）に増加しています。また、平成25年2月1日現在の児童養護施設入所児童等調査では、児童養護施設に入所している児童の59.5％、里親に委託されている児童の31.1％が被虐待児童です。

　平成25年度には、全国の児童相談所長が行った親権停止の審判の申立てが、16自治体で23事例行われており、親権喪失および管理権喪失の審判の申立ては、6自治体で7事例でした。また、複数人および法人の未成年後見人の選任の申立ては、10自治体で11事例に上ります。いずれも、子どもの権利擁護から申立てを行われたものです。しかし、申立てには及んでいないが子どもの権利を侵害する行為は数知れないという思いが、養育里親、専門里親、そしてファミリーホーム事業者にあるというのが、筆者の実感です。

2　ファミリーホームと児童の養育

　ファミリーホームは、児童福祉法6条の3第8項に規定されたもので、正式名称を小規模住居型児童養育事業といい、養育者の住居で、5人〜6人の児童の養育を行うものです。この制度は、元々は全国の多人数の里子（委託児童）を養育する里親が、それまで、東京、横浜といったいくつかの自治体が独自に行っていた多人数養育への支援制度を、国の制度とするよう運動し

て、平成21年度に第二種社会福祉事業として法律に規定されたものです。

　厚生労働省の発表によると、平成26年3月31日現在、ファミリーホームは、223ホームあり、993人の児童が生活しています。一方、里親は、登録里親は9441世帯で、そのうち3560世帯に4636人の児童が委託されています。厚生労働省は、里親家庭とファミリーホームでの養育をあわせて家庭養護と定め、児童養護施設等での施設養育と区別しています。

　被虐待児童とともに、障害のある児童も急増しており、平成25年2月1日の調査では、児童養護施設入所児童の場合は、2万9979人中28.5％にあたる8558人が障害のある児童で、里親委託児童の場合は、4534人中20.6％にあたる933人に、また、ファミリーホーム委託児童の場合は、829人中37.9％にあたる314人に障害が認められるなど、社会的養護における児童の養育は、困難さを増しています。当然ながら、重複している児童も多く、虐待されて育ったために障害をもつに至ったのか、障害をもつために虐待されたのかは定かではありませんが、密接な関係があるように思えます。

　私たち夫婦は、里親としては13人の委託児童を、ファミリーホームになってからは19人の委託児童を養育してきました。養育してきた32人の中で、16人が被虐待児で、11人が障害をもち、非行歴のある子どもは9人でした。なお、重複している子どもが11人います。また、ここ数年、児童養護施設での生活に不適応を起こし、措置変更でわが家にやってくる子どもが多くなりました。

3　代替養育の考え方と養育者の権限

(1)　代替養育の考え方をめぐる最近の動き

　実親の死亡や拘禁、虐待、経済的問題で養育が困難となり、保護された子どもは、児童相談所において、「子どもの最善の利益」に配慮して、家庭に代わる環境での養育（代替養育）が検討されます。まず、親族等による養育の可否が検討されますが、不可能な時は、社会的養護児童として、乳児院、

児童養護施設や里親等に預けられます。

　国際連合は、2009年（平成21年）11月20日に「子どもの代替養育に関するガイドライン」を採択し、第1に家族のもとでの生活、次に永続的な養育としての養子縁組、第3に里親等での家庭養育、最後に適切な時のみ施設養護と、その順序の指針を示しました。わが国では、平成23年7月に厚生労働省が「社会的養護の課題と将来像」を発表し、施設養護から家庭養護へと大きく舵を切りました。これにより里親は、従来の「養子縁組希望里親」と「養育里親」とに明確に区別され、いわゆる「社会的な親」としての「養育里親」として、子どもの養育にあたることが明白になったのです。

　平成23年の民法等改正に伴って改正された児童福祉法では、「児童相談所長は、小規模住居型児童養育事業を行う者又は里親に委託中の児童等で親権を行う者又は未成年後見人のないものに対し、親権を行う者又は未成年後見人があるに至るまでの間、親権を行う」（児福47条2項）とされ、また、「児童福祉施設の長、その住居において養育を行う第6条の3第8項に規定する厚生労働省令で定める者又は里親は、入所中又は受託中の児童等で親権を行う者又は未成年後見人のあるものについても、監護、教育及び懲戒に関し、その児童等の福祉のため必要な措置をとることができる」（同条3項）と規定されるに至りました。また、親権者の不当な介入も退けることができます（同項）。しかし、これは監護、教育、懲戒に関する権限であり、財産や資産の管理についての権限はいっさいありません。

　この改正により、親権の停止が盛り込まれたことで、平成24年4月から、里親に預けられている子どもや、一時保護中で、親権者や未成年後見人がいない子どもには、児童相談所長が親権の代行を行うように児童福祉法等に規定されました。このことは実質的には、実親がいる場合にも効果的で、養育に携わる里親にとっては、子どもの利益をむしばむ実親の介入に対しての抑止力となっていると感じます。

Ⅳ 養育者の権限と専門職未成年後見人の権限——里親の視点から

(2) 養育者の権限

さて、次に、里親としての視点で、親権にみる養育者の権限について、具体例をあげて考えてみます。

事例１ 委託時16歳、女児Ａのケース

　女児Ａは重い発達障害をもっています。Ａは、２歳の頃、実母Ｃが行方不明になったことを理由に児童養護施設に入所、その後、Ｃが戻ってきたので５歳で退所し、いっしょに暮らしていましたが、今度はＣが薬物使用により逮捕されました。

　養父母（実祖母Ｄと義祖父Ｅ）は、Ａと妹Ｂを引き取りましたが、Ａは実母Ｃを求め家出を繰り返しました。そのたびに一時保護されましたが、Ｃから深刻な虐待を受けていたことが判明し、情緒障害児短期治療施設に入所、その後、精神科病院に８カ月入院しました。退院後は、一時期、養父母宅にて生活しましたが、問題行動が多発し、養父母では対応が困難となりました。

　そこで、知的障害児施設に入所となり、そこから特別支援学校高等部に進学しましたが、トラブルを頻繁に起こして退学となりました。一方、入所している施設でもけんかなどの暴力行為が多発したため退所し、一時保護所を経由して、ファミリーホームに委託されました。

　ホームでは、頻繁に過呼吸を起こし、また、リストカットをしては救急車で運ばれるなど、絶えず注意が必要です。ホーム委託後、Ａの希望で私立高校をあらためて受験し進学しましたが、そこでも暴力を振るい、友だちにけがを負わせ退学となりました。ホーム内でも、激昂すれば養育者を殴るなどの行動がみられ、医師の指導の下、服薬量の調整を図り、福祉作業所に通いながら、何とかホームでの生活を維持してきました。

第1章　未成年後見制度の意義・現状と課題

事例２　委託時15歳、男児Ｓのケース

　男児Ｓは、児童自立支援施設を経て、高校進学後、里親に委託されました。

　Ｓは小学２年生の頃より、深夜徘徊、ゲームセンター等への出入りを繰り返し、何度も補導されています。実父Ｔの失業とアルコール依存、実母Ｒの精神疾患のため、ネグレクト状態で生活していたとのことでした。

　両親とも、Ｓに対して愛情がなかったわけではないようです。むしろ愛情が大きすぎたのかもしれません。Ｔは著しい放任、Ｒは異常とも思える過干渉でした。Ｒは弟Ｕを出産しましたが、Ｓが14歳、Ｕが３歳の時に離婚し、二人の親権はＲがもちました。

　Ｓは、里親委託後、「何もかも、Ｒの言うことがすべて正しいと言われ、決められた」と吐き捨てるようにつぶやいており、電話口のＲに対しては「親なら育ててから文句を言え」と反抗的態度をとるようになりました。Ｒは「里親の育て方が悪いので、Ｓが反抗するようになった」と大騒ぎし、児童相談所に苦情を申し立てていました。そして、「今から死ぬ、すぐ会いに来い」と脅迫電話でＳや元夫Ｔを呼び出したりもしました。Ｒは、腹に短刀を突き刺し自殺未遂を何度も繰り返しました。その後、亡くなったのは、措置解除後、Ｓが自立して間もなくでした。

　事例１は、女児Ａと妹Ｂを薬物中毒の実母Ｃから引き離し、孫の親権を手にするため、祖父母夫婦Ｄ・Ｅは、養子縁組を行うことによって子どもを守っている事例です。この事例では、Ｃの行方不明、逮捕と続いたので、親権を行使する者が一時期いなくなりました。その後、Ｄ・Ｅとの間で養子縁組が整い、養父母となったＤ・Ｅに親権が渡ったのです（なお、Ｅは、Ｄの子であるＣとは縁組していないので、Ｄ・Ｃ間は親子ですが、Ｅ・Ｃ間は親子ではありません）。Ｄ・Ｅは、養子となったＡとＢを可愛がっていますが、Ｄ・Ｅが高齢であることから、二人の行く末を大変心配していました。特に、Ａは精神疾患のため、日々の生活における対応が困難で、専門的な施設や病院

Ⅳ　養育者の権限と専門職未成年後見人の権限——里親の視点から

でさえ、職員にたびたび暴力を振るい、退所を余儀なくさせられており、ましてや自宅での養育は無理と感じています。Bも軽度の障害があり、Aの影響を受けやすいなど、Aとの同居に対しては否定的であることから考えると、家庭復帰は不可能と思われます。D・Eが、現在最も恐れているのは、Aの預け先を失うことであり、万が一、D・Eの身体の自由が利かなくなったり、あるいは死亡したりしたら、CがAを操り「金づる」として利用するのではないか、Eの財産がCに使われ失われるのではないかということです。そういった意味で、専門職後見人の必要性を最も感じているのは、D・Eと思われます。

　しかし、未成年後見人の必要性は、資産がある場合に限りません。

　事例2の家庭は、母子家庭です。資産はほとんどありません。残された子どもは二人とも未成年であることから、早急に未成年後見人を立てる必要があります。特に、学齢児である弟Ⅴにとっては重要です。この家庭には、高齢の親族が一人おり、いずれ未成年後見人になると思われますが、Ⅴは一時保護されており、児童相談所長が親権を代行しています。里親はその児童相談所長から委託を受けて、里子の養育をするのです。

　学校教育法では、あくまでも保護者は「子に対して親権を行う者（親権を行う者のないときは、未成年後見人）」（学校16条）と定義していますが、児童福祉法では、「学校教育法に規定する保護者に準じて」（児福48条）と規定されているため、里親やファミリーホーム事業者は、親権者あるいは未成年後見人の代わりに、保護者になるのです。

4　里子養育における損害賠償

　里子養育をするうえで、里親やファミリーホームの養育者の頭に常によぎるのは、損害賠償についてです。

　一昨年（平成25年）、私たちのファミリーホームでは、委託児童が観光バスの窓ガラスを誤って割ってしまった事例で、損害賠償を行いました。里親

やファミリーホームでは、里親賠償責任保険あるいはファミリーホーム賠償責任保険を利用しています。過失の場合は保険の対象ですが、故意にしたことは対象とならず、事例1のAの場合は、けんかによる暴力だったので、友だちの治療費等は、親権者であるD・Eが賠償することになりました。

なお、ホーム（家庭）内でも、物を破壊する、あるいは、けがをすることも多々ありますが、こちらの損害は、当然ながら支払対象になりませんので、思春期の荒れる子どもを引き受けることをためらう里親も多いのです。

5　専門職未成年後見人制度への期待

里子の養育、中でも被虐待児、障害児、非行歴のある子どもたちの養育には、数々の困難を伴います。

子どもの権利保障の点からは、家庭に近い環境で生活することが何より望まれますが、里親だけで養育できるものではありません。

社会的養護児童の養育には多くの支援が必要であり、専門的な助言を必要としています。ぜひとも、自ら声を上げることのできない子どもたちの権利擁護のために、専門職未成年後見人制度が、その機能を発揮し、子どもたちの健やかな成長と希望あふれる将来に寄与されることを心から願ってやみません。

（福岡県里親会副会長　吉田菜穂子）

第2章

未成年後見制度の基礎知識

第2章　未成年後見制度の基礎知識

Q1　未成年後見制度と成年後見制度には、どのような違いがありますか

> 　成年後見制度は判断能力が不十分である方を保護する制度であり、一方で、未成年後見制度は判断能力が20歳に向けて高まっていく途中の未成年者を支援する制度であるため、民法をはじめ、未成年者を取り巻く法律の規定においてもさまざまな違いがあります。

1　未成年後見の開始原因・時期

(1)　開始原因

　成年後見制度は、一般的に成年者について、判断能力が不十分な状態にある場合の成年者を支援する制度です（未成年者も成年後見制度を利用することは可能です）。

　これに対して、未成年後見制度は、元々親権者の親権により保護されている未成年者について、親権が行使されていない事態が生じた場合にその欠陥を補充する制度です。

　このような制度趣旨の違いから、成年後見の開始原因は「後見開始の審判があったとき」（民838条2号）と定められていますが、未成年後見の開始原因は「未成年者に対して親権を行う者がないとき、又は親権を行う者が管理権を有しないとき」（同条1号）と、成年後見と異にしています。

(2)　開始の時期

　成年後見制度では後見開始の審判（民7条、手続39条別表第1・1項）によって後見が開始するので、後見開始の審判の確定時が開始の時期になります。

Q1 未成年後見制度と成年後見制度には、どのような違いがありますか

これに対して、親権を補充する制度である未成年後見制度では法律上あるいは事実上、親権者がいなくなったとき、または親権者の管理権が失われたときが開始の時期になります。

2 未成年後見人の指定・選任

成年後見制度では、成年後見人は家庭裁判所の職権により選任されます。

これに対し、未成年後見制度は、親権の延長線上にあるとの考え方から、最後の親権者により遺言で未成年後見人を指定することでき（民839条1項）、遺言による指定がない場合に家庭裁判所による選任となります。

遺言で未成年後見人を指定できることについては、学説から、家庭裁判所が指定後見人を知ることができない、指定後見人が適任者とは限らない、不適格の場合は解任の手段があるのみであるとの批判があります。

3 未成年後見人の数

平成23年の民法等改正前は、意思の統一、保護の一本化、責任の帰属の明確化という目的、そして、未成年後見人には親族が就任するものと考えられていた社会的背景から、未成年後見人は成年後見人と異なり、一人でなければならないと定められていました（旧民842条。平成23年改正により削除）。そのため、未成年後見人には「財産に関する権限のみを有する」未成年後見人（民868条）の例外を除いて、親権者と同様の身上監護義務が課されました（民857条）。この義務が、広範かつ重大であることから、専門職後見人の未成年後見人就任を躊躇させる原因の一つとされていました。

ところが、近年の児童虐待の社会問題化から、平成23年の民法等改正により親権制限制度が改正されました。そして、親権の制限により未成年後見制度の必要性が高まることが予想されたことから、より利用しやすい未成年後見制度へ改正されました。具体的には、未成年後見人の数について制限がなくなり（民840条2項）、さらに複数後見の場合の権限分掌が可能になりまし

33

た（民857条の2）。そのため、親族後見人に加え、財産管理権のみ有する専門職後見人を付けるといったような方法が可能になり、法改正以前に比べて専門職後見人が未成年後見人に就任しやすい制度になりました。

なお、平成23年の民法等改正により、成年後見と同様に、法人が未成年後見人に就任することが可能になりました（民840条3項）。

4 制限行為能力制度の例外

成年被後見人および未成年者は、原則、単独で法律行為をすることができませんが、次のような例外が規定されています。

成年被後見人が例外的に単独で法律行為ができるものとして、日用品の購入、日常生活に関する行為（民9条ただし書）があります。

未成年者が例外的に単独で法律行為ができるものとして、次の①～③があります。

① 単に権利を得、または義務を免れる行為（民5条1項）
② 目的を定めて処分を許した財産をその目的の範囲内で処分し、あるいは、目的を定めないで処分を許した財産を処分する行為（同条3項）
③ 法定代理人から一種または数種の営業を許された未成年者がその営業に関してした法律行為（民6条1項）

なお、成年被後見人、未成年者の前記①～③の行為でも事理弁識能力が欠けている状態で行われた行為と証明された場合には、その行為は無効となります。

また、未成年者の法定代理人には同意権がありますが、成年後見人には同意権がありません。成年後見人に同意権がないのは、成年被後見人が事理弁識能力を欠く常況にある者だから、事前に同意を与えて単独で行為させることは、本人の保護のため望ましくないことが理由とされています。

5　未成年後見人の事務

　成年後見人の事務は、財産管理事務であり、財産管理に関する事務にあたって、身上配慮義務が課されているにすぎません（民858条）。一方、未成年後見人は、財産管理事務のほか、権限が財産管理権に限定されない限り、身上監護義務から生じる身上監護事務を行わなければなりません。身上監護義務はまさに「親代わり」といえる重い義務です（民857条）。

6　医療行為の同意

　現在の実務界の通説では、成年後見人に医療行為の同意権はないとされています。他方、未成年者に同意能力がない場合には、未成年後見人は監護権（民857条・820条）を根拠に同意することができると解されています。

7　未成年後見の絶対的終了

　成年後見の絶対的終了原因は、本人の死亡、後見開始の審判の取消し（民10条、手続39条別表第1・2項）ですが、未成年後見では、本人の死亡のほか、本人が成人になること（成年擬制を含む）、親権を行使できる者が現れた場合があります（第3章Q17参照）。

8　公示制度

　旧禁治産制度では、禁治産・準禁治産宣告を受けた事実が戸籍に記載されていました。この方法に対しては、一般に、戸籍が汚れる、プライバシーへの配慮が不足しているとの批判がありました。そのため、成年後見制度ではプライバシーにより配慮した登録制度として成年後見登記制度が創設され、成年後見に関する事実は、成年後見登記制度で管理されるようになりました。

　一方、未成年後見制度では、成年後見制度と異なり、戸籍への記載による

公示制度が維持されています（第3章Q4の〈表1〉〈表2〉、Q5の【書式6】【書式7】参照）。

9　民法以外の法律

(1)　児童福祉法上の親権代行

児童福祉法には、未成年者の親権代行に関する規定として、次の①②があります。

① 　施設入所中の児童で親権者および未成年後見人のいないもの　　児童福祉施設の長が、親権を行う者または未成年後見人があるに至るまでの間、親権を行います（児福47条1項）。

② 　里親等委託中の児童　　現行法上、未成年後見人の選任で対応することになっていますが、親権を行う者または未成年後見人があるに至るまでの間、児童相談所長が親権を行います（同条2項）。

(2)　虐待防止法

　㋐　成年後見

成年被後見人が、障害者基本法2条1号の障害者であれば、障害者虐待防止法の対象となります（障虐2条1項）。また、成年被後見人が、65歳以上の高齢者（65歳未満でも対象になる場合があります）であれば高齢者虐待防止法の対象となります（高虐2条1項・6項）。

一方、「養護者」（障虐2条3項、高虐2条2項）とは、「現に養護する者」と定義されているので、成年後見人であれば、直ちに養護者であるというわけではありません。ただし、高齢者虐待防止法および障害者虐待防止法では、経済的虐待も虐待にあたるため、成年後見人が金銭等管理をし、成年被後見人の日常生活をサポートしていれば、養護者にあたると解釈される可能性があります。そして、その場合、成年後見人による虐待は、養護者による虐待にあたることになります。

　㋑　未成年後見

Q1　未成年後見制度と成年後見制度には、どのような違いがありますか

　未成年者が、18歳未満の場合は、児童虐待防止法の対象となり（児虐2条）、未成年後見人は「現に監護」していれば、保護者（同条）にあたり、その未成年後見人による虐待は保護者による虐待にあたります。
　児童虐待防止法の虐待には、経済的虐待が含まれておらず、「現に監護」していることが保護者の要件とされています。そのため、現に監護しない財産管理のみを行う未成年後見人は、保護者にはあたらないと考えられます。
　なお、未成年者が、18歳以上の障害者であれば、障害者虐待防止法の養護者による虐待の対象になるのは成年後見と同様です。
　　㈦　虐待防止法の比較
　障害者虐待防止法と高齢者虐待防止法は、被虐待者の保護と養護者の支援の両方を考慮した法律ですが、児童虐待防止法は、被虐待者の保護を主眼としています。そのため、児童虐待防止法の特徴として、臨検・捜索（児虐9条の3）が定められています。
　(3)　**その他**
　　㈠　児童福祉法
　未成年後見人は、保護者とされ（児福6条）、国および地方公共団体とともに、児童を心身ともに健やかに育成する責任を負います（児福2条）。
　　㈡　学校教育法
　未成年後見人は、未成年者に義務教育を受けさせる義務を負います（学校16条）。
　　㈢　少年法
　未成年後見人は、少年法上の保護者にあたります（少年2条2項）。
　家庭裁判所は、必要があると認めるときは、保護者に対し、少年の監護に関する責任を自覚させ、その非行を防止するため、調査または審判において、自ら訓戒、指導その他の適当な措置をとり、または、家庭裁判所調査官に命じてこれらの措置をとらせることができます（少年25条の2）。

Q2 未成年後見業務と成年後見業務には、どのような違いがありますか

> 成年後見人は、成年被後見人の財産管理や財産に関する行為の代理が中心的な業務であり、身分行為については代理ができないのに対して、未成年後見人は、原則として、財産管理業務と生活・身上監護に関する業務の二本柱で構成されているとともに、身分行為についても、法律上、法定代理人が行使可能なものについては、代理権を行使できます。

1　成年後見業務

　成年後見人の中心的な業務は、成年被後見人の財産を管理し、かつ、その財産に関する法律行為について成年被後見人を代表することです（民859条）。そして、この財産管理業務には、施設入所契約や介護サービス利用契約などの業務を行う「法律行為としての身上監護」は含まれますが、成年被後見人の家事支援や介護等の業務を行う「事実行為としての身上監護」は、職務の範囲外とされています。

　本人が行った財産に関する法律行為に関しては、成年後見人は、日常生活に関するものを除いて、取り消すことができます（民9条）。

　さらに、身分行為に関しては、本人に意思能力がある限り、本人が単独で行うことができます。

2　未成年後見業務

　未成年後見は、未成年者に対して親権を行う者がないとき、または親権を行う者が管理権を有しないときに開始します（民838条1号。本章Q1参照）。

Q2 未成年後見業務と成年後見業務には、どのような違いがありますか

　ここで親権とは、未成年者の保育、監護、教育、財産管理などを行う親の包括的な権利・義務のことをいいます。そのため、未成年後見人は、親権者がいない場合は、親権者に代わり、未成年者の財産を管理し、かつ、その財産に関する法律行為についてその未成年者を代表したり（民824条）、未成年者の利益のためにその監護および教育をする権利を有し、義務を負い、居所の指定や懲戒権を行使したり、営業の許可を与えることができます（民820条～823条）。つまり、未成年後見業務は、財産管理業務と生活・身上監護に関する業務の二本柱で構成されています。ただし、親権を行う者が管理権を有しない場合には、未成年後見人は、財産管理業務のみを行うことになります（民868条）。

　未成年後見人は、単に権利を得、または義務を免れる法律行為を除き、未成年者が行う法律行為に対する同意権を有しています（民5条1項。本章Q1参照）。そして、未成年後見人は、未成年者が同意を得ずに行った法律行為を取り消すことができます（同条2項）。ただし、未成年後見人が目的を定めて処分を許した財産は、その目的の範囲内において、未成年者が自由に処分することができ、目的を定めないで処分を許した財産も自由に処分することができます（同条3項。本章Q1参照）。

　身分行為に関しては、法律上、法定代理人が未成年者に代わって行使可能と規定されるものについてのみ、未成年後見人が代理権を行使できます（民797条1項・804条など）。なお、未成年者が婚姻をするには、父母の同意が必要ですが（民737条）、未成年後見制度においては同様の規定は設けられていないので、この場合は未成年後見人の同意がなくても未成年者は有効に婚姻することができます。

第3章
未成年後見人の実務

Q3 未成年後見人の選任の方法について教えてください

> 　親権を行う者がいないときまたは親権者が管理権を有しないときに、未成年後見が開始し、未成年者に対して親権者が行うべき養育監護および財産の管理をする者である未成年後見人を選任する必要が生じます。親権を行う者がいないときまたは親権者が管理権を有しない状況は、親権者の死亡、行方不明、親権喪失、親権停止、親権の辞任および管理権の辞任の場合や、離縁後に親権を行使する者がいない場合に生じます。
> 　未成年後見人は、遺言で指定される場合と、家庭裁判所が選任する場合とがあります。

1　遺言による指定

　未成年者に対して最後に親権を行うものは、遺言によって未成年後見人を指定することができます（民839条）。

2　申立てに基づく家庭裁判所による選任

　遺言による指定がなく、未成年後見が開始した場合には、①未成年者、②親族、③利害関係人が未成年後見人選任申立てを家庭裁判所にすることができます（民840条1項、手続39条別表第1・71項）。

(1)　未成年者

　申立てには手続をする能力である手続行為能力が必要ですが、家事事件手続法では、未成年者本人は、手続能力がある者として、未成年後見人選任申立て等の手続が可能です（手続177条）。

(2) 親　族

　未成年後見人選任申立てができる親族の範囲は、6親等内の血族、配偶者、3親等内の姻族です（民725条）。なお、父母が離婚し、その一方を親権者と定めた場合（民819条2項）や非嫡出子の親権を父または母が単独で行使している場合（同条4項）など、父または母の一方が親権者となっている場合に、その親権者が死亡した場合には、当然にもう一方の母または父の親権が復活するのではなく、未成年後見が開始するため、その母または父もまた未成年後見人の選任を申し立てることができます。

　また、次の①～④の事由において未成年後見人の選任が必要なときには、父または母は、遅滞なく未成年後見人の選任を申し立てなくてはなりません（民841条）。

① 　父もしくは母が親権もしくは管理権を辞任したとき（民837条）
② 　父もしくは母について親権喪失の審判があったとき（民834条）
③ 　父もしくは母について親権停止の審判があったとき（民834条の2）
④ 　父もしくは母について管理権喪失の審判があったとき（民835条）

(3) 利害関係人

　利害関係人には、児童相談所長や児童福祉施設の長、里親等が含まれます。

コラム　民法以外の規定に基づき申立ての義務を負う者

　児童相談所長は、親権を行う者のない児童について、その福祉のため必要があるときは、未成年後見人の選任の申立てをしなければなりません（児福33条の8）。

　生活保護の実施機関は、被保護者が未成年者である場合において、親権者がないときは、すみやかに未成年後見人の選任の申立てをしなければなりません（生保81条）。

3　家庭裁判所による職権追加選任

すでに未成年後見人が選任されている未成年者について、家庭裁判所は、必要があると認めたときには、申立てによらずとも、職権で、追加で未成年後見人を選任することができます（民840条2項、手続39条別表第1・71項）。

Q4 未成年後見人に就任した場合、まずやらなければならないことやスケジュールを教えてください

Q4 未成年後見人に就任した場合、まずやらなければならないことやスケジュールを教えてください

　未成年後見人就任直後の業務については、成年後見人の業務と異なるところはなく、財産調査や財産目録の作成、家庭裁判所への就任報告などをすることになります。
　また、平成23年の民法等改正により、未成年後見業務特有であった未成年後見人からの後見開始時の戸籍届出義務を負うのは、遺言による指定未成年後見人についてのみとされ、家庭裁判所選任の未成年後見人については、戸籍の記載は家庭裁判所書記官の嘱託となり、未成年後見人からの戸籍の届出は不要となりました。

　未成年後見人に就任したら、未成年者本人に関する情報を把握するために、事件記録を閲覧したり、本人や関係者との面会をしたりして、身上監護面の情報を収集しますが（成年後見人の業務と同様です）、ここでは、財産管理面で求められる業務を中心に解説します。

1　財産調査および財産目録の作成

　後見人には、未成年後見人であると成年後見人であるとを問わず、被後見人の財産に対する包括的な管理権および代理権が与えられています（民859条1項）。これを遂行する前提として、管理すべき財産の態様を把握し、未成年後見人自身の財産との区別を明瞭にすることが求められ、未成年後見人には、その就任の初めになすべき事務として、財産調査および財産目録の作成が義務づけられています（民853条1項）。なお、未成年後見監督人がある

ときは、財産調査および財産目録の作成は、未成年後見監督人の立会いをもってしなければなりません（同条2項）。

時期については「遅滞なく」財産調査に着手し、1カ月以内にその調査を終え、かつ、財産目録を作成する必要がありますが、その期間については家庭裁判所において伸長することができます（民853条1項ただし書、手続39条別表第1・77項）。

民法853条1項の違反に対する民法上の直接的な制裁規定はありませんが、家庭裁判所の監督に際し、未成年後見人の適否・事務の適否の考慮材料となります。

民法853条2項に反して、未成年後見監督人がある場合にその立会いなく行われた財産調査および財産目録の作成は、その効力を生じません（同項）。

2　財産目録の作成前の権限

未成年後見人が財産調査および財産目録の作成を終えない間、いっさいの財産管理事務が行えないとすると未成年者に不利益をもたらす事態も起こり得ます。そこで、財産の全容が把握できていない段階でも「急迫の必要がある行為」については権限を有すると規定されています。ただし、善意の第三者には対抗することができません（民854条）。

未成年後見人が急迫の必要がなく行った行為は、「無権代理行為」となります。

3　債権債務の申出義務

未成年後見人が未成年者に対して、債権または債務を有する場合、未成年後見監督人があるときは、財産調査の着手前に申し出なければなりません。これに違反して申出をしない場合は、未成年後見人は債権を失うことになります（民855条）。

Q4 未成年後見人に就任した場合、まずやらなければならないことやスケジュールを教えてください

4 未成年者が包括財産を取得した場合の法律関係

　財産調査および財産目録作成義務、財産目録作成前の権限、未成年者に対して有する債権債務の申出義務は、未成年後見人の就任時の義務ですが、未成年者が相続・遺贈などにより包括財産を取得した際にも、就任時と同様の義務が未成年後見人に課されています（民856条）。

5 具体的な事務スケジュール

　(1) 審判の告知

　未成年後見は、成年後見と違い一定の事実状態（民838条1号）により開始し、開始の審判がありません。遺言による指定後見人の就任（民839条）、あるいは請求により（民840条1項）もしくは職権で（同条2項）、未成年後見人が選任されるのみです（手続39条別表第1・71項。未成年後見人選任審判書は【書式1】【書式2】参照）。そのため、成年後見の開始審判にあるような即時抗告の規定がなく（手続179条各号）、家庭裁判所より選任された未成年後見人の場合、未成年後見人に選任される者への審判の告知によりその選任審判の効力が生じます（手続74条1項・2項）。

　(2) 戸籍の届出

　平成23年の民法等改正により、複数の未成年後見人の就任が可能となり、それぞれの未成年後見人により権限の範囲や行使方法も多様化しました（民857条の2）。これらを踏まえて関連法令も改正され、従前の旧戸籍法81条に規定されていた未成年後見人が開始時に戸籍届出義務を負うのは、遺言による指定後見人についてのみとされ（戸籍81条1項）、家庭裁判所より選任された未成年後見人については、戸籍の記載は家庭裁判所書記官の嘱託となり（手続116条1号、手続規則76条1項2号）、未成年後見人からの届出は不要となりました（届出および嘱託により戸籍に記載されるものは、それぞれ〈表1〉〈表2〉参照）。

(3) 家庭裁判所に対する就任時の報告

　未成年後見人選任の審判の確定後（前述のように、成年後見人選任時よりも確定時期が早いことになります）、「遅滞なく」財産調査および財産目録の作成に着手して1カ月以内に終了しなければならないほか、未成年者の生活や教育、療養看護および財産管理に必要な予算を立てなければなりません（支出金の予定義務。民861条1項）。

　これらに関する家庭裁判所への報告は、実務上、未成年後見人選任審判書（【書式1】【書式2】参照）とともに家庭裁判所から就任時の未成年後見事務報告、財産目録、後見予算書（収支予算書）の書式（【書式3】【書式4】【書式5】参照）が配布され、その書式に基づいて提出するのが通常です。その際に、提出期限も指定されることが多いです。

Q4 未成年後見人に就任した場合、まずやらなければならないことやスケジュールを教えてください

〈表1〉 届出により戸籍に記載するもの

事件の種別	記載方法	届出期間	届出義務者	添付書類	根拠条文
未成年後見開始 （遺言による指定のみ） （附録118・119）	届出	就職の日から10日以内	未成年後見人	遺言謄本	戸籍81、民839
未成年後見人地位喪失 （附録132）	未成年後見人が不在となる場合	届出	後任者の就職の日から10日以内	後任の未成年後見人	地位喪失原因を証する書面（法定ではない）	戸籍82、戸籍規則63、民847
	他の未成年後見人がある場合	届出	その事実を知った日から10日以内	その他の未成年後見人	地位喪失原因を証する書面（法定ではない）	戸籍82、戸籍規則63、民847
未成年後見終了 （附録133）		届出	未成年後見終了の日から10日以内	未成年後見人	親権喪失、親権停止または管理権喪失の審判取消しの場合は、審判の謄本および確定証明書（法定ではない）	戸籍84、戸籍規則63、民4・753・836
未成年後見監督人就任 （遺言による指定のみ） （附録134・135）		届出	就任の日から10日以内	未成年後見監督人	遺言謄本	戸籍85・81、民848
未成年後見監督人地位喪失 （附録163）	後任者が選任された場合	届出	後任者の就任の日から10日以内	後任の未成年後見監督人	地位喪失原因を証する書面（法定ではない）	戸籍85・82、民852・847・850
	他の未成年後見監督人がある場合	届出	その事実を知った日から10日以内	その他の未成年後見監督人	地位喪失原因を証する書面（法定ではない）	戸籍85・82、民852・847・850
未成年後見監督人終了		届出	未成年後見監督終了の日から10日以内	未成年後見監督人	欠格事由に該当することを証する書面（法定ではない）	戸籍85・84、民852・847・850

※附録＝戸籍法施行規則附録第7号

第3章　未成年後見人の実務

〈表2〉　嘱託により戸籍に記載するもの

事件の種別	記載方法	申立権者	管轄裁判所	根拠条文
未成年後見人選任の審判（附録120～123）	嘱託	未成年者、親族、利害関係人、辞任した未成年後見人、児童相談所長、都道府県知事、市長、福祉事務所を管理する町村長、家庭裁判所（職権）	未成年被後見人の住所地を管轄する家庭裁判所	民840、手続116・176、手続規則76Ⅰ②、児福33の8、生保81・19
未成年後見人の辞任についての許可の審判（附録130）	嘱託	未成年後見人	同上	民844、手続116・176、手続規則76Ⅰ③
未成年後見人の解任の審判（附録131）	嘱託	未成年後見監督人、未成年者、親族、検察官、児童相談所長、家庭裁判所（職権）	同上	民846、手続116・176、手続規則76Ⅰ④、児福33の9
未成年後見人の権限の行使についての定めおよびその取消しの審判（附録124～129）	嘱託	家庭裁判所（職権）	同上	民857の2、手続116・176、手続規則76Ⅰ⑤
未成年後見監督人の選任の審判（附録136・137）	嘱託	未成年者、親族、未成年後見人、家庭裁判所（職権）	同上	民849、手続116・176、手続規則76Ⅰ②
未成年後見監督人の辞任についての許可の審判（附録161）	嘱託	未成年後見監督人	同上	民852・844、手続116・176、手続規則76Ⅰ③
未成年後見監督人の解任の審判（附録162）	嘱託	未成年後見人、未成年者、親族、検察官、家庭裁判所（職権）	同上	民852・846、手続116・176、手続規則76Ⅰ④
未成年後見監督人の権限の行使についての定めおよびその取消しの審判（附録155～160）	嘱託	家庭裁判所（職権）	同上	民852・857の2、手続116・176、手続規則76Ⅰ⑤

※附録＝戸籍法施行規則附録第7号

Q4 未成年後見人に就任した場合、まずやらなければならないことやスケジュールを教えてください

【書式1】 未成年後見人選任審判書（権限分掌なし）

平成27年（家）第〇〇号　未成年後見人選任審判事件

審　　判

本　　籍　　千葉市中央区千葉港5番地
住　　所　　〇〇県〇〇市〇〇町〇〇番〇〇号

　　　　　　　　　　　　　　申立人　甲原孝吉

本　　籍　　東京都千代田区平河町一丁目4番地
住　　所　　〇〇県〇〇市〇〇町〇〇番〇〇号

　　　　　　　　　　　　　　未成年者　甲野啓太郎
　　　　　　　　　　　　　　平成10年12月25日生

本件について，当裁判所は，その申立てを相当と認め、次のとおり審判する。

主　　文

未成年者の未成年後見人として次の者を選任する。
　　本　　籍　　〇〇県〇〇市〇〇町〇〇番
　　住　　所　　〇〇県〇〇市〇〇町〇〇番〇〇号
　　事　務　所　〇〇県〇〇市〇〇町〇〇番〇〇号　乙原司法書士事務所
　　氏　　名　　乙原高助

平成27年〇〇月〇〇日
　　〇〇家庭裁判所
　　　　　　　　　　　　　　　裁判官　〇　〇　〇　〇　㊞

※未成年者甲野啓太郎の親族である甲原孝吉が申立てをして、家庭裁判所により、乙原高助（専門職）が未成年後見人に選任された審判書

51

第3章　未成年後見人の実務

【書式2】　未成年後見人選任審判書（権限分掌あり）

```
平成27年（家）第○○号　未成年後見人選任審判事件
平成27年（家）第○○号　数人の未成年後見人の権限行使の定め審判事件
```

審　　判

　　本　　　籍　　千葉市中央区千葉港5番地
　　住　　　所　　○○県○○市○○町○○番○○号
　　住民票の住所　○○県○○市○○町○○番○○号

未成年後見人　　甲　原　孝　吉

　　本　　　籍　　東京都千代田区平河町一丁目4番地
　　住　　　所　　○○県○○市○○町○○番○○号
　　住民票の住所　○○県○○市○○町○○番○○号

未成年者　　甲　野　啓太郎
平成10年12月25日生

　未成年者について，当裁判所は，未成年後見人の選任及び数人の未成年後見人の権利行使の定めが必要であると認め，職権により，それぞれ次のとおり審判する。

主　　文

1　未成年者の未成年後見人として，乙原高助（本籍　○○県○○市○○町○○番，住所　○○県○○市○○町○○番○○号）を選任する。
2　未成年後見人乙原高助は，財産に関する権限のみを行使することができる。
3　未成年後見人乙原高助及び未成年後見人甲原孝吉は，財産に関する権限について，別紙のとおり事務を分掌してその権限を行使しなければならない。

　平成27年○○月○○日
　　　○○家庭裁判所

裁判官　　○　　○　　○　　○　㊞

Q4 未成年後見人に就任した場合、まずやらなければならないことやスケジュールを教えてください

(別紙)

1 未成年後見人乙原高助は次の事務を分掌する。
 (1) 未成年者に帰属する預貯金（ただし，2(1)の普通預金を除く。）に関する取引（預貯金の管理，振込依頼・払戻し，口座の変更・解約等）
 (2) 未成年者の保険金の受領
 (3) 未成年者の不動産に関する取引
 (4) 未成年者の相続の承認又は放棄，遺産分割及び遺留分減殺の請求
 (5) 未成年者の年金，義援金，育英金，修学資金及び奨学金の各受領，管理並びに諸手続

2 未成年後見人甲原孝吉は次の事務を分掌する。
 (1) 未成年者が○○銀行（○○支店取扱い）に対して有する普通預金（口座番号○○○○○○○）に関する取引
 (2) 1(1)ないし(5)及び2(1)記載以外の事務

※未成年者甲野啓太郎の親族後見人である甲原孝吉に加えて、家庭裁判所が職権で、乙原高助（専門職）を未成年後見人に選任するとともに権限分掌を定めた審判書

第3章　未成年後見人の実務

【書式3】　後見事務報告書（後見人就任時）

平成27年（家）第○○号

後見事務報告書（後見人就任時）

○○家庭裁判所　御中

　未成年者　甲野啓太郎　さんの後見財産について調査を終了しましたので，以下のとおり報告します。

平成27年○○月○○日

　　　　住所　　○○県○○市○○町○○番○○号

　　　　未成年後見人　　　乙　原　高　助　　㊞
　　　　（電話番号）　　　　00-0000-0000

　　　　住所　　○○県○○市○○町○○番○○号

　　　　未成年後見監督人　　丁　野　一　郎　　㊞
　　　　（電話番号）　　　　00-0000-0000

1．未成年者本人の財産内容について
　　☑　未成年者本人の財産の内容は，別紙財産目録のとおりです。
　　□　未成年者本人に財産はありません。

2．未成年者本人の現在の状況は以下のとおりです。

　　住所　　○○県○○市○○町○○番○○号

　　連絡先　　同　上　　　　　　　　　（Tel　000-0000-0000）

　　学校名または勤務先名等　　○○市立○○高等学校　　　（2年生）

Q4 未成年後見人に就任した場合、まずやらなければならないことやスケジュールを教えてください

3．未成年者本人の今後の予定について
　　☑ 高校，専門学校，短大，大学等へ進学
　　□ 就職
　　□ その他

4．その他，後見事務等に関し気になっていること及び困っていることは，
　　☑ 特にありません。　　□ 以下のことが気になっております。

　　　　　　　　　　　　　　　　　　　　　　　　　　　以　上

※これはあくまで参考書式です。家庭裁判所によって、様式が異なります。

【書式４】 財産目録

財産目録（平成〇〇年〇〇月〇〇現在）

1　不動産

番号	所在，種類，面積等	固定資産評価額（円）	備考（管理者等）
1	〇〇市……宅地213.01㎡	8,735,000	後見人管理
2	〇〇市……宅地110.11㎡	5,521,000	同上
3	〇〇市……宅地330.00㎡	13,532,310	同上
	不動産評価額総額	27,788,310　円	

2　預貯金，現金

番号	金融機関名，支店名，口座番号	種類	金額	備考
1	〇〇銀行〇〇支店　0000000	普	312,000	後見人管理
2	〇〇信用金庫〇〇支店　0000000	定	10,000,000	同上
	現金・預貯金総額		10,312,000円	

3　その他の資産（保険契約，株券，各種金融資産等）

番号	種類（証券番号等）	金額（数量）	備考
1	〇〇信用金庫　出資金　0000	100,000	後見人管理
		100,000　円	

4　負債

番号	種類（債権者）	金額（円）	備考
	なし		
	負債総額	円	

平成〇〇年〇〇月〇〇日

未成年後見人　　　　乙　原　高　助　　㊞

未成年後見監督人　　丁　野　一　郎　　㊞

Q4 未成年後見人に就任した場合、まずやらなければならないことやスケジュールを教えてください

【書式５】 収支予算書

平成○○年（家）第○○号
（本人　甲野啓太郎　さん）

収支予算書

平成○○年○○月○○日

作成者　未成年後見人　　乙　原　高　助　　　㊞

A　本人の収入（１年あたり）

番号	内容（給料，年金，家賃収入等）	金額（円）	保管・管理方法
①	遺族基礎年金	1,046,000	後見人管理
②	賃料（駐車場）	500,000	同上
③			
④			
⑤			
⑥			
⑦			
	本人の収入の合計	1,546,000	

B　本人の支出（１年あたり）

番号	内容（生活費，医療費，税金等）	金額（円）	保管・管理方法
①	食費・日用雑貨品などの生活費	840,000	後見人管理
②	医療費	10,000	同上
③	固定資産税	324,100	同上
④	小遣い	60,000	本人管理
⑤			
⑥			
⑦			
⑧			
	本人の支出の合計	1,234,100	

※　書ききれない場合は別紙に記入してください

収入－支出＝	311,900円

Q5　未成年後見人として職務を遂行する際の資格の証明について教えてください

> 成年後見制度と異なり、後見登記制度がありませんので登記事項証明書は発行されず、当該未成年者の戸籍の記載事項証明書もしくは未成年後見人選任時の審判書謄本が資格証明書となります。

1　戸籍の記載事項証明書、審判書の謄本

　成年後見においては、後見登記等に関する法律により発行される登記事項証明書を成年後見人の資格証明書として利用することができますが、未成年後見は同法による後見登記の対象外であるため、未成年後見人の資格証明として登記事項証明書が発行されることはありません。

　未成年後見人が選任されると、未成年者の戸籍の身分事項欄に未成年後見人の氏名・本籍、未成年後見人就任日等の記載がされるため、その旨の記載のある戸籍の記載事項証明書（【書式6】参照）を取得し提出するか、家庭裁判所における未成年後見人選任審判書（民840条1項、手続39条別表第1・71項。本章Q4の【書式1】参照）の謄本を提出することによって未成年後見人の資格を証明することとなります。

　また、未成年後見人が複数ある場合で、それぞれの未成年後見人について、権限分掌行使の定めの裁判がなされた場合は、その旨および裁判確定日の記載がされます（【書式7】参照）。しかし、それぞれの未成年後見人の権限の内容までは詳しく戸籍に記載されないため、審判書によらなければ未成年後見人の権限が判明しません。よって、このような場合には、戸籍の記載事項証明書とあわせて、権限分掌行使の定めがされた未成年後見人選任審判

書（民857条の2第2項・3項、手続39条別表第1・78項。本章Q4の【書式2】参照）の謄本を提出することとなります。

2　金融機関等への対応

なお、未成年後見事件の審判は、告知により効力が発生するため、確定証明書が発行されることはありません。ただ、金融機関をはじめ、未成年後見事件の審判についても確定証明書を家庭裁判所が発行すると思い込み、確定証明書の提出を執拗に要求してくる場合があります。このような場合には、家庭裁判所の配慮により告知日を証明する文書を発行してくれる場合もあるようです。

第3章　未成年後見人の実務

【書式6】　戸籍記載例（権限分掌なし）

本　籍	東京都千代田区平河町一丁目四番地			（編製事項省略）								
氏　名	甲　野　義太郎											
						（出生事項省略）	平成弐拾七年八月七日千葉市中央区千葉港五番地甲原忠太郎同籍孝吉未成年後見人に選任の裁判確定同月八日嘱託㊞（法定一二〇）	（親権喪失事項省略）	父　甲野　義太郎			
									母　　梅　子			
									長男			
出生	平成壱拾年拾弐月弐拾五日								啓太郎			

60

Q5　未成年後見人として職務を遂行する際の資格の証明について教えてください

（1の1）	全 部 事 項 証 明
本　　籍	東京都千代田区平河町一丁目4番地
氏　　名	甲野　義太郎
戸籍事項 　　戸籍編製	（編製事項省略）

戸籍に記録されている者	【名】啓太郎 【生命月日】平成10年12月25日 【父】甲野義太郎 【母】甲野梅子 【続柄】長男
身分事項 　　出　　生 　　親　　権 　　未成年者の後見	（出生事項省略）
	（親権喪失事項省略）
	【未成年後見人選任の裁判確定日】平成27年8月7日 【未成年後見人】甲原孝吉 【未成年後見人の戸籍】千葉市中央区千葉港5番地 　　甲原忠太郎 【記録嘱託日】平成27年8月8日
	以下余白

発行番号

第3章　未成年後見人の実務

【書式7】　戸籍記載例（権限分掌あり）

本　籍	東京都千代田区平河町一丁目四番地
（編製事項省略）	
氏　名	甲野　義太郎

（出生事項省略）	
（未成年後見人選任事項省略）	
（未成年後見人選任事項省略）	
平成弐拾七年九月弐拾五日未成年後見人乙原高助の権限を財産に関する権限に限定する定めの裁判確定同月弐拾九日嘱託㊞（法定一二四）	

父	甲野　義太郎
母	梅　子
長男	

出生	平成壱拾年壱弐月弐拾五日
	啓　太　郎

62

Q5　未成年後見人として職務を遂行する際の資格の証明について教えてください

	（1の1）	全部事項証明
本　　籍	東京都千代田区平河町一丁目4番地	
氏　　名	甲野　義太郎	
戸籍事項 　　戸籍編製	（編製事項省略）	
戸籍に記録されている者	【名】啓太郎 【生命月日】平成10年12月25日 【父】甲野義太郎 【母】甲野梅子 【続柄】長男	
身分事項 　　出　　生 　　未成年者の後見 　　未成年者の後見 　　未成年者の後見	（出生事項省略） （未成年後見人選任事項省略） （未成年後見人選任事項省略） 【未成年後見人の権限を財産に関する権限に限定する定めの裁判確定日】平成27年9月25日 【未成年後見人】乙原高助 【記録嘱託日】平成27年9月29日	
	以下余白	

発行番号

63

Q6 未成年後見人の権利と義務について、身上監護業務を中心に教えてください

　未成年後見は、親権の延長上の制度としての性質をもつため、未成年後見人は、身上監護につき親権者と同一の権利義務を有します。成年後見人も成年被後見人のために身上監護に関する事務を行いますが、「親権者と同一の権利義務」とは大きく異なります。この違いが未成年後見と成年後見の一番大きな相違点となります。
　また、平成23年の民法等改正により、未成年後見人も複数選任が認められ、財産に関する権限について権限分掌された未成年後見人も選任されるようになりました。

1　未成年者の身上監護の特殊性

　未成年後見は、親権の延長上の制度としての性質をもつため、未成年後見人は、身上監護につき親権者と同一の権利義務を有します（民857条・820条～823条）。ただし、親権者と違い、未成年後見監督人および家庭裁判所の監督に服します。
　成年後見人も未成年者のために身上監護に関する事務を行いますが、その根拠となる民法858条の内容はいわゆる「身上配慮義務」とも呼ばれ、成年後見人の善管注意義務（民869条・644条）を具体的に表現したものといわれており、未成年後見人が有する「親権者と同一の権利義務」とは大きく異なります。この違いが未成年後見と成年後見の一番大きな相違点ということができるでしょう。

Q6 未成年後見人の権利と義務について、身上監護業務を中心に教えてください

2 親権者と同一の権利義務

(1) 監護・教育

民法820条では、「親権を行う者は、子の利益のために子の監護及び教育をする権利を有し、義務を負う」と規定しています。「親権」という名称にもかかわらず義務的性格の強いものととらえられており、親が子に対する義務を履行するについて他人から不必要に干渉されない法的地位とも解されています。民法821条以下にその具体的な場面が規定されているほか、未成年者を不当に拘束する者に対する引渡請求権の行使は、民法820条を根拠とする妨害排除請求権として判例・通説上是認されています（この点に関する判例は、大判大正10・10・29民録27輯1847頁、最判昭和35・3・15民集14巻3号430頁、最判昭和38・9・17民集17巻8号968頁など。この点に関する学説は、中川淳『親族法逐条解説〔改訂版〕』425頁、穂積重遠『親族法』563頁、中川善之助編『註釈親族法(下)』48頁、木村健助「親権者の監護教育」民商13巻1号50頁）。

ただし、第三者が監護権を委託されている場合は、この監護権に関する処分として、民法766条1項・2項、家事事件手続法39条別表第2・3項（家事審判法9条1項乙類4号に相当）の対象となり、監護権変更の審判の申立てをすることが必要と考えられています。

未成年後見人の実際の業務においては、「子育て」に近い、日常的なかかわりが必要と思われます。選任時の未成年者の年齢、居住環境（親族と同居、一人暮らし、里親委託、児童養護施設に入所中など）、また、障害の有無や程度などによって、さまざまな関係機関との連携が必要となるでしょう。

(2) 居所の指定

未成年者は、未成年後見人が指定した場所に、その居所を定めなければなりません（民857条・821条。本章Q14参照）。ただし、未成年後見監督人があるときは、親権を行う者が定めた居所を変更するには、その同意が必要です（民857条ただし書・821条）。

65

(3) 懲　戒

　未成年後見人は、監護および教育に必要な範囲内において未成年者に対する懲戒権を有します（民857条・822条）。親権者による児童の虐待において、懲戒権を口実に自己の行為を正当化しようとするなどの指摘があったことから、平成23年の民法等改正により懲戒の範囲に関する文言が加えられる一方、該当する施設のなかった「懲戒場」に関する規定が削除されました。

(4) 職業の許可

　未成年者は、未成年後見人の許可を得なければ、職業を営むことができません（民857条・823条1項）。ここでいう「職業」とは、民法6条に規定する「営業」よりも広い概念で、他人に雇用される場合なども含みます。そのため、未成年後見事務の具体的な場面として、未成年者がアルバイト等を希望する場合の対処が考えられます。ただし、未成年者の保護の観点から、労働基準法により、親権者・未成年後見人は未成年者に代わって労働契約を締結することや賃金を受け取ることを禁じられています（労基58条・59条）。

　また、職業の許可およびその取消し・制限については、未成年後見監督人があるときはその同意が必要です（民857条ただし書・823条2項）。

3　善管注意義務

　民法869条は、受任者の善管注意義務を定めた民法644条を準用しています。親権者が管理権を行うに際して要求される注意義務が「自己のためにするのと同一の注意義務」（民827条）であるのに対して、未成年後見人には、より高度な注意義務が課されています。

4　身分法上の行為

　身分行為は、本人の自由な意思に委ねるべきであり代理に親しまないとされているので（最判昭和33・7・25民集12巻12号1823頁）、未成年後見人も原則として身分行為を代理することはできません。そのため、15歳未満の者が行

Q6 未成年後見人の権利と義務について、身上監護業務を中心に教えてください

う養子縁組の代諾（民797条）など法律の定める一定の場合についてのみ代理権を有します。

5 親権の制限についての審判申立て

平成23年の民法等改正により、親権の制限の態様が増えるとともに、親権の制限に関する審判の申立権者に未成年者本人、未成年後見人および未成年後見監督人が加えられました（民834条～835条）。この申立権は、身上監護権や財産管理権に含まれるものではなく、民法により特に付与された権能であり、複数後見人選任時の権限行使方法（後記7参照）にかかわらず、それぞれの未成年後見人が単独で請求できると考えられています。

6 監督義務者の責任

監護教育義務から生じるものとして、民法714条の「監督義務者」の責任がありますが、これは責任能力のない未成年者について適用されます。これに対して、責任能力のある未成年者については、監督義務者の監督義務違反と未成年者の不法行為によって生じた結果との間に相当因果関係が認められる場合、民法709条による不法行為責任を負うことも考えられます（最判昭和49・3・22民集28巻2号347頁参照）。

7 未成年後見人が複数ある場合の権限・行使方法

(1) 共同行使——原則

未成年後見人が数人あるときは、共同してその権限を行使します。また、複数後見人がある事案においては、家庭裁判所は職権で、一部の者について「財産に関する権限のみ」を行使すると定めることができます（民857条の2第1項・2項、手続39条別表第1・78項）。

また、民法869条により民法830条が準用されていますので、第三者が無償で子に財産を与え、親権を行う者に管理させないとの意思表示をしたとき

は、当該財産について未成年後見人は管理権を有しません。
(2) 財産管理権の単独行使・事務分掌
　未成年後見人が複数あるときは、家庭裁判所は職権で「財産に関する権限について」、それぞれの未成年後見人が単独でまたは事務を分掌してその権限を行使すべきことを定めることができます（民857条の2第2項・3項）。
(3) 成年後見人との比較
　複数の成年後見人がある場合、未成年後見人とは反対に、原則としてそれぞれの後見人が「単独」で権限を行使し、例外として、家庭裁判所が、数人の成年後見人が「共同して」または「事務を分掌して」権限を行使すべきことを定めることができると定められています（民859条の2第1項、手続39条別表第1・10項）。

　一般に、複数の者の協議による権限の共同行使のほうが、より慎重に行うことができるという利点があるといえ、未成年後見事務の未成年者に対する身上監護権の重要性がここにも表れています。複数の未成年後見人が単独で権限を行使し、それらに矛盾が生じた場合、未成年者の安定的な監護を害するおそれがあるからです。

　しかし、逆に複数の未成年後見人の意見が統一されないことにより未成年者に不利益が生じることも考えられ、この場合の制度的な方策として、家庭裁判所の監督における指示等（手続規則97条・81条1項、民863条）の規定が設けられています。さらに、個々の事案での関係者の努力に委ねられることになるでしょう。

Q7 未成年後見人の権利と義務について、財産管理業務を中心に教えてください

> 民法859条1項は、未成年後見、成年後見共通のものとして、後見人に被後見人の財産を管理する権限を認め、そこから派生する権限として法定代理権を認めています。ただし、成年後見人には居住用不動産の処分についての制限（民859条の3）がありますが、未成年後見人にはないなどの違いがあります。

1 財産管理権

(1) 財産管理業務における未成年後見人の権利

未成年後見人においても、成年後見人と同様に、事務の中核は、財産管理です。

民法859条1項は、未成年後見、成年後見共通のものとして、後見人に被後見人の財産を管理する権限を認め、そこから派生する権限として法定代理権を認めています。

なお、条文上の文言は「代表する」と定められていますが、その意味は「代理」と解するのが一般的とされています。

財産の管理とは、法律的には、財産の保存、財産の性質を変えない範囲での利用・改良を目的とする行為、また、管理を目的とする処分行為をいいます。

そして実際には、収支の管理、預貯金等の財産管理、契約の締結管理等が未成年後見人の業務となります。

また、未成年後見人は、法定代理人として、未成年者の財産上の法律行為

に関する同意権、取消権をもっています（民5条）。

(2) 財産管理業務における未成年後見人の義務

未成年後見人には、財産管理権の行使に関して善管注意義務（民869条。本章Q6参照）が課せられ、この注意義務に反すると損害賠償責任を負うことになります。

また、そのほかの義務として、財産調査および財産目録作成義務（民853条・856条。本章Q4参照）、債権債務の申出義務（民855条。本章Q4参照）、支出金の予定作成義務（民861条。本章Q4・Q8参照）、管理計算義務（民870条。本章Q18参照）、利息付加・損害賠償義務（民873条。本章Q19参照）、応急処分義務（民874条・654条。本章Q19参照）があります。

2　代理権の制限

未成年後見人には、民法859条1項により、財産に関する法律行為について広範な代理権が与えられますが、次の(1)～(6)の場合には代理権が制限されます。なお、成年後見人には居住用不動産の処分についての制限（民859条の3）がありますが、未成年後見人にはありません。

(1) 未成年後見監督人の同意を要するとき

未成年後見人が、未成年者に代わって営業もしくは民法13条1項各号に掲げる行為をする場合、または未成年者がこれをすることに同意する場合には、未成年後見監督人があるときは、原則として、その同意を得なければなりません（民864条。第4章Q24参照）。

(2) 利益相反行為にあたるとき

　㋐　利益相反行為とは

未成年後見人にとっては利益になるが、未成年者にとって不利益となる行為をいいます。例として、未成年後見人と未成年者の間で売買をする、未成年者が未成年後見人に土地を贈与する、未成年後見人と未成年者が共同相続人となり遺産分割協議をすることなどがあげられます。

Q7 未成年後見人の権利と義務について、財産管理業務を中心に教えてください

(イ) 対応

未成年後見人は代理権・同意権は行使できず、未成年後見監督人が代わって行います（民851条1項4号）。未成年後見監督人がいない場合は、特別代理人を選任しなければなりません（民860条・826条、手続39条別表第1・79項）。

(ウ) 違反した場合の効果

判例では、利益相反行為は、無権代理にあたると解釈されています（親子間の利益相反行為について、最判昭和46・4・20家月24巻2号106頁）。

(3) 本人の行為を目的とする債務を負担するとき

未成年後見人が、未成年者の行為を目的とする債務が生じるような代理行為をする場合には、未成年者の同意を必要と規定しています（民859条2項・824条ただし書）。

未成年後見人が、未成年者を代理して雇用契約を締結することが典型例として考えられますが、未成年後見人については、雇用契約の代理締結が禁止されています（労基58条）。

(4) 代理権の濫用にあたるとき

判例は、形式的には代理権の範囲内の行為を行った場合でも、代理人が自己または第三者の利益を図る目的をもって代理行為をしたときは、代理権の濫用になると判断しています（民1条3項）。そして、なされた代理行為の有効性を原則として肯定するものの、相手方が代理人の意図を知っていたか、あるいは、知りうべきだったときには、民法93条ただし書の類推適用によって、本人はその代理行為の無効を主張しうるとしています（最判昭和42・4・20民集21巻3号697頁）。

なお、未成年後見人がその権限を濫用した場合は善管注意義務違反となり（民869条の準用する民644条）、未成年者より損害賠償請求を受ける可能性があるとともに、解任事由にも該当します（民846条）。

(5) 複数後見人の場合

未成年後見人が数人あるときは、原則として、共同してその権限を行使し

なければなりません（民857条の2第1項。本章Q6参照）。一方の未成年後見人が単独で行った行為は無権代理行為に該当しますが、本人の利益保護のために、追認の余地が認められています（民116条）。

(6) 代理に親しまない行為であるとき

　代理に親しまない行為とは、本人の意思表示を必要とする行為です。たとえば、婚姻、認知、遺言、医療行為の同意（未成年後見人に医療同意権があるか否かとは別の問題です）などであって、身分行為上の意思表示に多くみられます。もっとも、身分行為上の意思表示でも、15歳未満の養子縁組（民797条）のような例外もあります。

　何が代理に親しまない行為かについては、条文の文言から判断できる場合もあれば、個別の解釈による場合もあり、その判断は必ずしも明確ではありません。また、本人の意思表示を必要とすることから「一身専属的」行為と表現されることがありますが、ここでいう一身専属的とは行使上の一身専属権（民423条1項ただし書）や帰属上の一身専属権（民896条ただし書）の範囲と同一というわけではありません。

　なお、相続放棄（民938条）、遺留分減殺請求権（民1031条）、扶養請求権（民752条・877条）については、未成年後見人が代理権行使可能と解釈されています。

　任意後見契約の締結に関しては、未成年者に意思能力がある場合は、未成年者自身が任意後見契約を締結することが可能であり、これに対する未成年後見人の同意の有無が問題となります。

　未成年者に意思能力がない場合、立法担当者は親権者に関して、親権に基づき未成年の子を本人とする任意後見契約を子に代わって締結することが可能としています。一方、任意後見契約の本来の目的である「自己決定による後見の準備」という点からは批判もあります（佐久間毅「代理法からみた法定後見・任意後見」民商122巻4＝5号497頁～502頁）。

Q7 未成年後見人の権利と義務について、財産管理業務を中心に教えてください

3 財産管理業務における未成年後見の特徴

一般論ではありますが、財産管理業務における未成年後見の特徴として、次の(1)(2)があげられます。

(1) 時の経過とともに支出が増加する

成年後見の利用者の多くは高齢者です。高齢者は時の経過とともに活動範囲が限定されるのが一般的なので、支出が固定化される傾向にあります。

一方、未成年者は成長に伴って活動範囲が広がります。そして、進学や就職の問題があるので、支出は増加していく傾向にあります。また、未成年者には、遺族年金が支給される場合は別として、相続財産か保険金以外にまとまった収入がないのが一般的です。そのため、財産管理においては将来を見据えた支出を心がけるべきでしょう。

(2) 後見終了により本人が財産を引き継ぐ

成年後見では、本人の死亡による後見終了が一般です。その後に財産を引き継ぐのは、その相続人となります。

一方、未成年後見では、本人が成人になったことにより後見が終了するのが一般的で、財産を引き継ぐのは未成年者本人です。未成年後見事務においては、より多くの財産を残すことを図りつつ、適切な機会に、適切に財産を使うことが求められます。

4 財産管理権と身上監護権との関係

財産管理権と身上監護権は、車の両輪のように単独で行使できない不可分の関係にあります。

たとえば、未成年者がアパートを借りて一人暮らしを希望した場合、一人暮らしをさせるべきか否か、どこのアパートに住むかを判断するのは身上監護権（民857条・821条）の範疇といえます。しかし、身上監護権としてアパートに一人暮らしすることを認めたとしても、賃貸借契約の締結および賃料支

73

払いの管理は財産管理権の行使にあたります。

また、進学の問題で、進学するか否かの決定および学校の選択については身上監護権（民857条・820条）の範囲に入りますが、入学契約および学費支払いの管理は財産管理権の行使になります。

この関係は、親族後見人と財産管理権のみを有する専門職後見人の意見が対立したときに問題となる可能性があります。

5　未成年者から未成年後見人への財産譲受行為等の取消し

未成年者の財産を管理する立場にある未成年後見人が、その立場を悪用して、不正の利益を得ることは未成年後見制度の目的に反します。未成年者の利益を保護するため、未成年者の取消権が定められています（民866条）。

親権者が同様の行為をした場合には、このような規定はなく、未成年者からの取消権は認められていません。

Q8 未成年後見業務遂行中の家庭裁判所への提出書類、後見報酬について教えてください

業務遂行中は監督機関である家庭裁判所に対して、生活状況や財産の状況や収支予定などを定期的に報告書を提出しなければなりません。未成年後見は成年後見と違い、進学や就職など、時の経過とともに未成年者の監護・教育に関する費用が変動していくことが容易に予想されます。後見予算の画定は、身上監護業務と財産管理業務を通して、適切な事務を行うために重要な作業です。

また、後見報酬については、成年後見業務と同様、家庭裁判所は、未成年後見人および未成年者の資力その他の事情によって、未成年者の財産の中から、相当な報酬を未成年後見人に与えることができます。

1 提出書類

未成年後見人は、家庭裁判所に対して、定期的に次の(1)〜(3)の書類を提出しなければなりません。実務上は、1年に1回程度、報酬付与の審判の申立て（後記2、【書式9】【書式10】参照）とともに提出するのがほとんどです。

(1) 財産目録

就任時および包括財産の取得時に、民法853条により財産目録の作成が義務づけられています（本章Q4の【書式4】参照）。また、未成年後見監督人または家庭裁判所は、いつでも、未成年後見人に対し後見の事務の報告もしくは財産目録の提出を求めることができるため（民863条）、この求めに応じて財産目録を作成・提出しなければなりません。

(2) 後見事務報告書

　未成年者の身上監護の方針（どのような生活環境をつくるか、どのような教育を受けさせるか、その費用の原資など）を考え、そのうえでの財産管理の方針を立て、報告書にまとめます（【書式8】参照）。未成年後見監督人がある場合、財産調査および財産目録の作成は、その立会いをもってしなければなりません（民853条2項）。

　原則として、家庭裁判所が定期的に監督事件として立件し、未成年後見人に対して事務報告を求めますが、方針に大きな変動があるときは、できる限り家庭裁判所と事前に協議することが望ましく、事案に応じて提出が必要となります。

(3) 後見予算書（収支予算書）

　未成年後見人は、その就任の初めにおいて、未成年者の生活、教育または療養看護および財産の管理のために毎年支出すべき金額を予定しなければならず（民861条1項）、これを後見予算書（収支予算書）にして家庭裁判所に提出します（本章Q4の【書式5】参照）。就任時だけでなく、事務報告が必要になるたびに提出するのが通常です。未成年後見は、成年後見と違い、時の経過とともに未成年者の監護・教育に関する費用が変動していくことが容易に予想されます。後見予算の画定は、身上監護業務と財産管理業務を通して、適切な事務を行うために重要な作業です。

　未成年後見人が後見の事務を行うために必要な費用は、未成年者の財産の中から支弁しますが（民861条2項）、未成年後見人は、この費用についての予算を立て、後見予算に組み入れます。

2　未成年後見人の報酬

　家庭裁判所は、未成年後見人および未成年者の資力その他の事情によって、未成年者の財産の中から相当な報酬を未成年後見人に与えることができます（民862条、手続39条別表第1・80項）。報酬付与の審判は、未成年後見人

Q8 未成年後見業務遂行中の家庭裁判所への提出書類、後見報酬について教えてください

の申立てに基づいてなされ、付与の可否および金額は家庭裁判所の裁量によります（【書式9】【書式10】参照）。この条文は、成年後見人と未成年後見人に共通の規定であり、平成11年改正民法により改正された成年後見では、親族以外の専門職後見人の就任が急増し、報酬の付与の必要性が増していましたが、未成年後見人についても同様のことが予想されます。しかし、未成年者に財産のある事案ばかりではなく、今後、制度的な報酬の担保方法の検討が必要となってくるでしょう。

【書式8】 後見事務報告書（業務遂行時）

平成27年（家）第○○号

後見事務報告書（業務遂行時）

○○家庭裁判所　御中

平成28年8月○○日

住　所　　○○県○○市○○町○○番○○号

未成年後見人　　乙　原　高　助　　㊞
（電話番号）　　　00-0000-0000

住　所　　○○県○○市○○町○○番○○号

未成年後見監督人　　丁　野　一　郎　　㊞
（電話番号）　　　00-0000-0000

　頭書事件につき、平成27年8月1日から平成28年7月31日までの後見事務について報告致します。

1．未成年者の現在の状況について教えてください。
　　☑　現在の状況は次のとおりです。
　　　　氏　名　　甲　野　啓太郎　　　　　　　（　17　歳）
　　　　住　所　　○○県○○市○○町○○番○○号
　　　　学校・職場　（名称）　　○○市立○○高等学校（　3　年生）
　　　　　　　　　　（所在地）○○県○○市○○町○○番○○号

　　□　現在の状況はわかりません。
　　　　（理由）

2．あなたが未成年者と同居していない場合，同居する家族（代表者）について教えてください。
　　　　氏　　名　　　甲　野　悟　郎　　　　　　（　25　歳）
　　　　職　　業　　（名称）　　○○株式会社
　　　　緊急連絡先　（電話番号）　00-0000-0000

Q8 未成年後見業務遂行中の家庭裁判所への提出書類、後見報酬について教えてください

3．未成年者の生活状況または進路などで困っていることはありますか。
　□ ない
　☑ ある（内容）
　　　本人は進学か就職かで進路に悩んでいる。学校の先生とも協議しながら、本人の決定について支援していきたい。

4．審判（または前回の照会）後，財産の状況が大きく変化していますか。
　（例：不動産売却，相続，保険金受領など）
　☑ ない
　□ ある（内容）

5．審判（または前回の照会）後，本人の財産の中から，毎月の決まったもの以外で大きな支出がありましたか。
　□ ない　　☑ ある（支出内容を記載してください。）

時　　期	金　　額	使　　途	備　　考
平成27年11月ころ	150,000円	修学旅行	
平成　年　月ころ	円		

※領収書等がある場合には，写し（コピー）を添付してください。また，書ききれない場合は，別紙を添付して記載してください。

6．財産目録記載の財産について，今後，処分したり支払いをしたりする予定はありますか。
　☑ ない
　□ ある（予定を具体的に記載してください。）

7．裁判所への連絡事項があればお書きください。

以　上

※これはあくまで参考書式です。家庭裁判所によって、様式が異なります。

第3章　未成年後見人の実務

【書式9】　報酬付与申立書

受付印	□成年後見人　□保佐人　□補助人　☑未成年後見人 □監督人（□成年後見　□保佐　□補助　□任意後見 □未成年後見）に対する報酬付与申立書

この欄に収入印紙800円分を貼る。

（貼った印紙に押印しないでください。）

収入印紙	円
予納郵便切手	円

準口頭	基本事件番号　平成27年（家）第○○号

○○家庭裁判所　　　　　御中
　　　　　□○○支部　　申立人の記名押印　　　乙　原　高　助　　㊞
平成○○年○○月○○日

添付書類	☑報酬付与申立事情説明書　☑後見等（監督）事務報告書　☑財産目録 ☑収支状況報告書　☑預貯金通帳の写し等　□ ※後見登記事項に変更がある場合は□住民票写し　□戸籍謄本

申立人	住所又は事務所	〒000-0000　　　　電話　000(000)0000 ○○県○○市○○町○○番○○号
	氏名	乙　原　高　助

※申立人欄は窓空き封筒の申立人の宛名としても使用しますので，パソコン等で書式設定する場合には，以下の書式設定によりお願いします。
（申立人欄書式設定）
上端10.4cm
下端14.5cm
左端3.3cm
右端5cm

本人	住所	〒000-0000 ○○県○○市○○町○○番○○号
	氏名	甲　野　啓太郎

申立ての趣旨	申立人に対し，相当額の報酬を与えるとの審判を求める。
申立ての理由	別添報酬付与申立事情説明書のとおり

──────────────── 裁判所使用欄 ────────────────

1　申立人に対し　┌□就職の日　　　　　　　　　┐　　┌□終了の日　　　　　　　　　┐　までの
　　　　　　　　└□平成　　年　　月　　日　　┘から└□平成　　年　　月　　日　　┘

報酬として，本人の財産の中から　　　　　　万　　　000　円（内税）を与える。

2　手続費用は，申立人の負担とする。
　　　平成　　年　　月　　日
　　　　　　○○家庭裁判所　□家事第○部　□○○支部

　　　　　　　　　　　裁判官

	告　　知
受告知者	
申立人	□住所または事務所に謄本送付
告知方法	□当庁において謄本交付
年月日	平成　・　・
	裁判所書記官

80

Q8 未成年後見業務遂行中の家庭裁判所への提出書類、後見報酬について教えてください

【書式10】 報酬付与申立事情説明書

基本事件番号　平成 27 年（家）第○○号　　本　人　甲野　啓太郎

報酬付与申立事情説明書

1　別紙財産目録（略）のとおり，報告時点で管理する財産（流動資産）額は次のとおりである。
　① 預貯金等　　　　　　　　　　　　　　　　　　　金　9,890,000　円
　② 株等（時価で算出してください。）　　　　　　　金　　　　　0　円
　　　　　　　　　　　　　　　　　　　　総額は，金　9,890,000　円
　※②に保険は入れないでください。

2　報告対象期間の収支
　{ ☑就職の日 / □平成　　年　　月　　日 } から { □終了の日 / ☑平成28年7月31日 } までの

　本人の収支は　422,000　円の（☑黒字・□赤字）である。

3　付加報酬について
　　☑ 求めない。
　　□ 後見人等が本人のために特に行った次の行為について付加報酬を求める。
　　□ 監督人が，□本人を代表した　又は　□同意した　次の行為について付加報酬を求める。
　　　□ ① 訴訟・非訟・家事審判
　　　　　　　　　　　　　　　　　（本人が得た利益）＿＿＿＿＿＿＿＿円
　　　□ ② 調停・訴訟外の示談
　　　　　　　　　　　　　　　　　（本人が得た利益）＿＿＿＿＿＿＿＿円
　　　□ ③ 遺産分割協議
　　　　　　　　　　　　　　　　　（本人取得額）＿＿＿＿＿＿＿＿＿＿円
　　　□ ④ 保険金請求
　　　　　　　　　　　　　　　　　（本人取得額）＿＿＿＿＿＿＿＿＿＿円
　　　□ ⑤ 不動産の処分・管理
　　　　　　（売却代金入金額・対象期間の管理賃料額）＿＿＿＿＿＿＿＿円
　　　□ ⑥ その他（　　　　　　　　　　　　　）
　　　　　□ 詳細は別紙のとおり
　　※①から⑥の行為を行い，付加報酬を求める場合は，資料を添付してください。

Q9　未成年後見人による親権代行について教えてください

> 未成年者に子がある場合、未成年後見人が親権の代行を行います。この場合、未成年後見人は未成年者に対する後見と、その子に対する親権代行の二つの職務を担うことになります。

1　親権の代行

　婚姻をしていない未成年者に子がある場合、その親権者が親権を代行しますが（民833条）、未成年者に親権者がなく未成年後見が開始しているときは、未成年後見人が親権の代行を行います（民867条1項）。この場合、未成年後見人は、未成年者に対する後見と、その子に対する親権代行の二つの職務を担うことになります。
　これは親権の代行であって後見の職務ではないため、未成年後見の事務にあたる各種の規定が準用されています（民867条2項）。なお、財産の管理および代表に関する規定（民859条）については準用されていませんが、これらの権限も未成年後見人の権限として当然に付与されると解されています。
　また、利益相反行為（民860条）についても準用されていませんが、民法826条が直接適用されると解されており、利益相反行為に関しては、特別代理人の選任が必要となります（手続39条別表第1・79項）。

2　親権代行の監督

　未成年後見監督人がある場合には、未成年後見監督人は未成年後見人による親権代行についても監督します（民867条2項による民863条～865条の準用）。

Q10　未成年者特有の収入支出について教えてください

> 　未成年後見は、親権者の死亡により開始されることが多く、その場合は、同時に相続が発生しています。また、未成年者の養育・成長に伴う特有の収入や支出がありますので、どのようなものがあるのかを知っておくことが、就任当初の財産の引き継ぎやその後の身上監護にとって重要なポイントです。

1　相続に起因する収入

　未成年後見人が新たに選任された未成年者が直面している問題の一つに、相続の問題があります。

　ほかの相続人と遺産分割協議が必要な場合は、少なくとも法定相続分は確保することが原則であり、特別の事情がある場合は、家庭裁判所に事前に相談しましょう。また、負債があることも少なくありませんので、財産調査をして必要があれば、相続放棄の手続をとることもあります。

　親が死亡した場合、未成年者が親の遺産のほかに受け取れる金銭としては、次の①〜⑤のようなものが考えられます。
①　生命保険金
②　労災保険の遺族年金
③　国民年金・厚生年金の遺族年金
④　損害賠償金（交通事故等の場合）
⑤　犯罪被害者等給付金

　これらのほか、東日本大震災では、災害義援金・災害弔慰金のほか、各自

治体からの奨学金、民間団体からの奨学金等がありました。

　年金の一時金など1回で支払われる金銭のほか、遺族年金など18歳まで定期的に受給できる金銭もあります。それまで母子家庭等で児童扶養手当を受給していた場合でも、遺族年金を受け取るようになると、児童扶養手当は支給されなくなります。

2　未成年者の固定収入

　未成年者の固定収入としては、次の①～④のようなものが考えられます。
① 遺族年金　　親が死亡した場合、要件を満たしていれば受給できます。18歳になった年の年度末（3月末）までで終了します。
② 児童手当　　未成年後見人の場合は、未成年者と生計を同じくしていないと受給できません（第5章Q33参照）。
③ 里子養育費　　里親に養育されている場合に、未成年者の生活費と学費が支給されます。ただし、受取人は里親になります（第5章Q30参照）。
④ 奨学金　　各自治体や民間団体に申込みをすることによって受け取ることができる奨学金があります。

3　未成年者が管理する収入

　未成年者であっても、アルバイトあるいは就職をして、賃金を受け取る場合があります。労働基準法では、「未成年者は、独立して賃金を請求することができる。親権者又は後見人は、未成年者の賃金を代つて受け取つてはならない」（労基59条）と定められています。したがって、アルバイト代や賃金は、未成年者本人が受け取り管理することになります（本章Q12参照）。

4　未成年者の支出

　未成年者特有の支出としては、学費があります。学費は、公立学校・私立学校とで大きな差がありますので、進学を控えている未成年者の場合は、そ

Q10　未成年者特有の収入支出について教えてください

の進路によって支出金額が大きく変わってくることがあります。また、学費のほかに習い事や塾・部活動にかかる支出もありますので、先々までの進路等を見据えて収支予定を立てなければなりません（本章Q11参照）。
　家庭裁判所によって基準金額は違いますが、およそ10万円以上の臨時の支出が必要な場合は、事前に家庭裁判所に相談することが好ましいと考えられます。

Q11　未成年者の学校に関する手続について教えてください

> 未成年者に養育者等がいない場合は、未成年後見人は保護者として学校での諸手続をする必要があります。入学手続、学費の支払い、奨学金の申込み、その他保護者として署名すべき書面等も多数あります。

1　入学手続

　未成年者が受験をするような場合は、入学願書等をよく読んで、決められた日にちまでに入学手続をしなければなりません。受験料や入学金等の支払いがあります。

2　学費の支払い等

　収入が少ない未成年者の場合は、学費の減免手続や就学支援金等の申込みをします。学費が銀行口座からの引き落しでは支払えない場合、学校と交渉して振込み等の対応をしてもらうことが可能です（中学校までは集金袋で現金を持参することが多いと思いますが、財産管理が難しい未成年者もいますので、注意が必要です）。

3　奨学金の申込み等

　大学進学の際に貸与型の奨学金を申し込むような場合は、保護者として申請に同意をすることになります。ただし、連帯保証人にはなれませんので、機関保証等で対応します。

4　学校行事等への参加

　学校行事に参加するかどうかは、個々の事案により判断するようになると思いますが、親を亡くしたりしている未成年者の心のケアのため、そして未成年者の成長を見守るという意味でも、学校でどのように生活しているのかを知ることは大切です。

5　習い事・学習塾等

　未成年者によっては習い事をしたり、塾に通いたいという未成年者もいますが、金銭面だけで善し悪しを判断することなく、未成年者の成長全般を考慮し判断しましょう。成長過程にある未成年者にとって、一番身近な大人であるはずの親がいないという「大きな穴」を未成年後見人だけで埋められるものでもなく、そばにいて話を聞いてあげられる大人の存在は、未成年者にとって重要だと考えます。「習い事」「勉強」という側面だけではなく、「人とのかかわり」という面からも考えることが必要でしょう。

Q12 未成年者の就職・アルバイト時の留意点について教えてください

> 就労に関しては、民法の規定のみでなく、労働基準法等の労働関係法令にも留意して未成年後見業務を遂行しなければなりません。
> 労働基準法では、未成年者に対して、年齢によって民法の規定にはない定義をしており、年齢によって就労の条件が異なるので、未成年者を保護するために年齢にあった配慮等をする必要があります。

1 労働基準法における未成年者の区分

労働基準法では、満20歳未満の者を年齢によって以下のとおり定義し、それぞれの年齢に応じた保護規定を定めています（労基56条〜64条）。

(1) 児 童

労働基準法では、満15歳に達した日以後の最初の3月31日が終了するまでの者を「児童」とし、最低就業年齢として原則的に雇用を禁止しています（労基56条1項）。憲法27条3項の「児童は、これを酷使してはならない」という規定から、労働基準法で具体的に法定されています。

例外として、満13歳以上の場合には、①工業的業種（労基別表第1・1号〜5号）以外、②児童の健康かつ福祉に有害でない、③労働が軽易、④行政官庁の許可、⑤修学時間外の五つ、満13歳未満の場合には前記②〜⑤の要件に加えて、⑥映画の製作・演劇の事業であること（労基56条2項）を満たせば、児童を使用できます。ただし、労働時間は、修学時間を含めて1週間で40時間、かつ1日につき7時間が上限となっています（労基60条2項）。

ただし、満13歳以上でも満15歳に達した日以後の最初の3月31日が終了す

るまで例外なく禁止されている業務は、①娯楽目的の曲馬や軽業、②道路等での歌謡、遊芸等、③旅館、飲食店等での業務、④エレベーターの運転です（年少規則9条）。

(2) 年少者

労働基準法では、満18歳に満たない者を「年少者」とし、坑内労働や危険有害業務での使用を禁止し（労基62条・63条）、それ以外の業務で使用者が使用する場合、使用者に年齢を確認する義務を課しています（労基57条）。

年齢を確認する義務の履行として、①年少者で満15歳に達した日以後の最初の3月31日を過ぎた者は、年齢を証する戸籍証明書、②年少者のうち児童にあたる者は、ⓐ年齢を証する戸籍証明書、ⓑ就学に差し支えないことを証明する学校長の証明書、ⓒ親権者または未成年後見人の同意書を事業場に備え付けなければなりません。なお、前記②の場合は、ⓐ～ⓒまでを添付して労働基準監督署に使用許可申請をし（前記(1)④参照）、許可後使用するにあたってⓐ～ⓒを事業場に備え付ける必要があります。

(3) 未成年者

満20歳に満たない者は、民法の規定どおり「未成年者」といいます。

労働基準法で未成年者という場合は、年少者および児童を含み、年少者という場合は、児童を含みます。

2 未成年者の労働契約

(1) 契 約

未成年者が働き始めるときは、親権者または未成年後見人の同意が必要です（民5条1項・823条1項）。親権者または未成年後見人は、未成年者に代理して労働契約を締結することはできません（労基58条1項）。また、未成年者は、独立して賃金を請求でき、親権者または未成年後見人は、未成年者の賃金を受け取ってはならないとされています（労基59条）。これは、前借金による労働や、子を売るような前時代的で未成年者に対して不当な条件での

労働契約を親権者または未成年後見人によってさせないためです。

親権者または未成年後見人は、未成年者の労働契約が未成年者にとって不利益であると認める場合は、将来に向かって契約を解除することができます（労基58条2項）。この未成年者にとって不利益な労働契約の解除は、労働基準監督署などの行政官庁も解除ができます（同項）。

(2) 財産管理

未成年後見人としては、未成年者の就学や将来の進路等、さらに未成年者の心情等にも考慮して、労働契約の締結に同意する必要があります。

未成年者の就学や進路等に悪影響を与えるような場合や労働条件が未成年者にとって不利益である場合は、未成年者と話し合い、また、関係者とも協議をして契約をどのようにするかを考える必要があります。

財産管理の実務としては、労働契約によって収入を得ることとなりますので、収入が増加すると、収支予算書を変更することとなります。増加した収入は、未成年者が賃金を請求し受け取ったものなので、未成年者がそのまま管理するのか、未成年後見人が一部または全部の引渡しを受け、未成年者の依頼の下、未成年後見人が管理するのかを考える必要があります。

賃金として受け取った額の多寡や、未成年者の年齢、生活状況、就職して受け取った賃金なのか、これらの要素を考慮して、未成年後見人は、未成年者、関係者らと協議し、決めていくことが望ましいでしょう。

財産管理の部分ではありますが、身上監護も大きく関係してくることであり、未成年者の管理能力等も見極めながら、未成年者の意向や将来考えられることなどを想定して、未成年者が不利益を被ることのないよう管理方法を決定すべきでしょう。ただし、未成年者が賃金を管理する場合でも、家庭裁判所によっては、その未成年者の収入を含めた趣旨の報告を求められることもありますので、収支予算書（本章Ｑ4の【書式5】参照）を作成するときは未成年者と協議しながら作成しましょう。

Q13　未成年者が運転免許の取得を希望する場合の留意点について教えてください

　未成年後見人は、未成年者の法定代理人として、法律行為について代理する権限をもっています。
　未成年者が運転免許を取得したいと申し出た場合、未成年後見人は、未成年者の心身の状態や生活の状況に十分配慮しながら、運転免許の必要性を十分考慮して代理して契約する必要があります。

1　家庭裁判所、未成年後見監督人との連携

　未成年者の財産の状況、収支の状況、運転免許取得後の行動について予測をし、家庭裁判所とも相談をしながら決定すべきでしょう。
　また、未成年後見監督人が選任されている場合は、未成年後見監督人と事前に相談をして決定しなければなりません。

2　契約の取消し等

　未成年者が未成年後見人の同意なしに教習所の契約をしていた場合は、親権者等法定代理人の同意を得ないでした未成年者の契約ということで、原則的には取消しができます（民5条）。
　契約を取り消す場合は、教習所の事業者に対して、取消しの意思表示をし、受け取っている教材等があれば、現状のまま返却し、支払った金額の返還を請求することとなります（民121条ただし書）。
　しかし、未成年者が成人であると偽って契約した（詐術を用いた）場合は、取り消すことができなくなる場合があります（民21条）。

なお、未成年者が行う契約であっても、法定代理人の同意が必要ない場合もあります。お小遣い、仕送り等や、法定代理人が目的を定めて処分を許した財産で、その目的の範囲内において契約する場合、目的を定めないで処分を許した財産も同様に、未成年者が自由に処分できます。

3　家庭裁判所、未成年後見監督人への報告等

運転免許を取得する場合、一般的には自動車教習所に申込みをして取得することが多いでしょう。そこで、その教習所の契約内容や料金を十分に確認し契約する必要があります。契約には、数十万円程度必要となるので、家庭裁判所への報告や、未成年後見監督人への報告も必要となります。

Q14　未成年者が進学や就職のために一人暮らしをする場合の留意点について教えてください

> 　初めて一人暮らしをする際には、未成年者の生活環境が大きく変わることから、未成年者の年齢やこれまでの生活状況、また、未成年者の財産状況などを十分に配慮し、学校や就職先からの距離、場合によっては生活面を重視して食事付きの寮にするなど、相当の配慮をする必要があります。

1　居所指定権

　未成年後見人は居所指定権を有しており、未成年者の心身の状態や財産の状況、未成年者の意見その他のいっさいの事情を考慮し、就職や進学の際に一人暮らしをさせるためアパートなどの賃貸借契約の手続をすることができます（民857条・821条）。未成年後見監督人が選任されている場合は、未成年後見監督人の同意を得ることが必要になります（民857条ただし書）。

　一人暮らしをするということは、未成年者の生活環境が大きく変わることとなります。未成年者の年齢（高校生か大学生か）やこれまでの生活状況、また未成年者の財産状況などを十分に配慮し、学校や就職先からの距離、場合によっては生活面を重視して食事付きの寮にするなど、相当の配慮をする必要があります。

2　保証人

　アパート等の賃貸借契約締結の際に保証人を求められる場合がありますが、未成年後見人が、未成年者のために保証人になれるかという問題があり

ます。未成年後見人が保証人になることは、求償権の関係から潜在的紛争関係が生じるため、好ましくないとされています。

　ほかの親族等で保証人となってくれる方にお願いするか、保証人不要の賃貸借物件を探す必要があります。必要があれば、未成年後見監督人や家庭裁判所と連絡をとりながら、不動産仲介業者や賃貸人と交渉する必要があります。

　なお、児童養護施設の退所者の場合、施設長が保証人となり、身元保証人確保対策事業の契約をすることによって、保証人の問題が解消される場合があります。

3　家庭裁判所、未成年後見監督人への報告等

　未成年者が一人暮らしを始め、居所を変更した場合は、速やかに家庭裁判所または未成年後見監督人に報告をする必要があります。

　新生活の準備や引越費用等で特別な支出があり、今後の収支も変更されるため、居所変更のために支出した額、収入の額、今後の収支の予定等を報告し、身上監護面では、未成年者が新しい生活を続けていくために、未成年後見人としてどのような配慮をしていくのかを具体的に報告するべきでしょう。

4　損害賠償等

　一人暮らしをしている間、未成年者が第三者に損害を与えてしまった場合、未成年後見人の監督義務違反と未成年者の不法行為によって生じた結果との間に相当因果関係が認められれば、未成年後見人も不法行為責任を負うこととなります（民709条。本章Q6参照）。未成年者が一人暮らしをしている間、未成年者と連絡をとっていなかった場合は、未成年後見人の責任を問われるおそれがありますので、未成年者ときちんと連絡をとり合い、必要に応じてアドバイスをする必要があります。

Q14 未成年者が進学や就職のために一人暮らしをする場合の留意点について教えてください

5 生活上の注意

　親がいる未成年者が一人暮らしを始めるにあたっては、親が子にさまざまなことを教えながら自立をしていくことになりますが、未成年後見人が選任されている未成年者の多くは、自立に必要な知識等を教えてくれる大人がいません。毎日の食費がいくらかかるとか、病院に行くにはどうすればよいか、ゴミの出し方など、わからないことだらけの状態です。

　また、突然一人で暮らすようになり、孤独感から精神的に不安定になったり、学校に行けなくなったりする場合もあります。

　専門職の未成年後見人が、未成年者と毎日面会することは難しいかもしれませんが、未成年者の精神的な部分も考慮してサポートし、自立に向けて支援していかなければなりません。

Q15 未成年者が相続人となる相続手続を進める場合の留意点について教えてください

> 法定代理人である未成年後見人が、未成年者の意思能力を考慮して、未成年者に財産の内容を説明し、未成年者の意向に沿った相続手続をしなければなりません。

1 熟慮期間

　被相続人の死亡により相続が発生し、未成年者が相続人となる場合、熟慮期間（民915条1項）の起算点は、未成年者の法定代理人がその未成年者のために相続の開始があったことを知った時となります（民917条）。

　相続開始の時に法定代理人がいない場合は、新たに選任された未成年後見人が未成年者のために相続が開始したことを知った時から熟慮期間は進行します。

　未成年後見人に就任した時、すでに相続が開始していることはよくあります。その場合、必要に応じて相続財産調査を行い、遺族年金の受給や生命保険金の有無等の調査を行って、相続手続を検討する必要があります。また、負債の調査に関しては、過払金の発生の有無にも注意が必要です。財産調査には時間を要するため、場合によっては、家庭裁判所に熟慮期間の伸長の申立て（相続の承認または放棄をすべき期間の伸長の申立て。民915条1項ただし書、手続39条別表第1・89項）を行う必要があると考えられます。

　家庭裁判所の職権によって選任された未成年後見人の場合など、就任時にすでに熟慮期間が経過していると思われる場合があります。このような場合は、相続放棄の必要性があれば、熟慮期間の始期について家庭裁判所と協議

Q15 未成年者が相続人となる相続手続を進める場合の留意点について教えてください

のうえ、相続放棄の手続（相続の放棄の申述。民938条、手続39条別表第1・95項）を行います。

2 特別代理人

未成年者が相続人となる場合、未成年後見人は未成年者に代わって遺産分割協議に参加します（民859条）。

しかし、未成年後見人自身が共同相続人となっている場合や、未成年後見人が相続人となる複数の未成年者の代理人となっている場合は、未成年後見人の行う遺産分割協議（または遺産分割調停）は利益相反行為となります。したがって、未成年後見人の行為が利益相反行為となる場合には、家庭裁判所に対し、未成年者のために、特別代理人の選任を求めることになります（民826条・860条、手続39条別表第1・79項）。

3 遺産分割協議の留意点

遺産分割協議を行う際は、原則として、法定相続分を確保しなければなりません。相続する財産の内容については、未成年者の意思能力を考慮しながら説明し、可能な範囲で未成年者とともに遺産分割協議に臨みましょう。また、遺産分割協議終了後は、速やかに相続手続を行い、必要があれば税務申告等の手続もあわせて行うべきです。

Q16 未成年者自身に相続が発生した場合の財産の行き先を伝えるときの留意点について教えてください

> 親が亡くなった未成年者は、相続人がいない場合も少なくありません。その場合、未成年者が病気や事故で死亡してしまうと、原則として、財産が国庫に帰属することとなります。

　相続人なくして死亡した未成年者の財産が国庫に帰属することになったことを知らされた未成年者の親族が、未成年後見人であった専門職に対して「どうして生前に子どもに遺言制度のことを教えなかったのか」と追及してきたケースがあるようです。

　そもそも、未成年後見人が選任されて未成年者と面会をするようになったとして、未成年者本人に、「財産がどれくらいあるか」を説明することができるでしょうか。たとえば、未成年者が18歳程度であれば、財産が少ない場合には、今後の生計のことも含めて説明をすることが考えられますし、逆に財産が多い場合には、成年に達する前に財産管理上の注意点を教育していく必要から説明をすることが考えられます。しかし、未成年者の年齢に応じたアドバイスが求められるため、多額の財産がある場合でも、未成年者が小学生程度の年齢であれば、その説明をすることは難しいと考えられます。

　そして、本人死亡後の相続関係、特に、相続人がいない未成年者に対して、現段階で相続人がいないこと、財産があること等を説明し、遺言を書くよう勧めるべきでしょうか。仮に親族に遺贈する旨の遺言を作成したとして、その後結婚等で家族関係が変わったときに、その遺言の存在を思い出すでしょうか。

　大変悩ましい問題であり、未成年者にとっても厳しい現実ではあります

Q16 未成年者自身に相続が発生した場合の財産の行き先を伝えるときの留意点について教えてください

が、専門職として遺言能力に達した未成年者には、終了時の財産の引渡し時のことも見据えたうえで必要な知識は与えなければならないのかもしれません。そのタイミングや話の仕方については、未成年後見人と未成年者の信頼関係がある程度できてからのほうがよいと考えられます。

Q17 未成年後見業務の終了原因、未成年後見人の欠格事由について教えてください

> 　未成年後見の終了には、以後、未成年後見を必要としなくなる絶対的終了と、未成年後見は終了しないが未成年後見人が交代する相対的終了があります。絶対的終了事由には、未成年者の成年到達・死亡・失踪宣告と親権者の出現があり、相対的終了事由には、未成年後見人の死亡・失踪宣告・行方不明、辞任、解任があります。
> 　また、未成年後見人になることができない欠格事由もあります。

1　未成年後見の終了原因

　未成年後見の終了には、以後、未成年後見を必要としなくなる絶対的終了と、未成年後見は終了しないが未成年後見人が交代する相対的終了があります。絶対的終了は、未成年者側に発生する原因で、相対的原因は未成年後見人側に発生する原因であるといえます。

　(1)　絶対的終了

　　(ア)　未成年者の成年到達・死亡・失踪宣告

　未成年後見は、未成年者が20歳に達して成年になると同時に終了します。この成年到達による終了が、未成年後見の一般的終了原因です。

　また、未成年者が婚姻したことにより、成年に達したとみなされるとき（民753条）も同様です。

　　(イ)　親権者の出現

　未成年後見は親権を行う者がいなくなったときに開始しますから（第2章Q1参照）、親権を行う者が出現したときには終了します。

Q17　未成年後見業務の終了原因、未成年後見人の欠格事由について教えてください

　未成年者が養子縁組をして養子となった場合には、養親の親権に服することになるので、未成年後見は終了します。未成年後見人が養親となった場合も同様です。未成年後見人が親族である場合には、養子縁組による終了は珍しくないと思われます。

　未成年者の実親について、後見開始の審判の取消し（民10条、手続39条別表第1・2項）、親権喪失、親権停止または管理権喪失の審判の取消し（民836条、手続39条別表第1・67項）があったときは、その確定の時に未成年後見は終了します。また、未成年者の親の失踪宣告が取り消されたとき（民32条1項、手続39条別表第1・57項）も、親権が復活するので、未成年後見は終了します。

　未成年後見に服していた養子が離縁する場合に、実父または実母があるときは、養子は離縁とともに実親の親権に服する（民811条2項・3項参照）ので、未成年後見は終了します。

(2)　相対的終了

　(ｱ)　未成年後見人の死亡・失踪宣告・行方不明

　未成年後見人が行方不明になった場合は、未成年後見人としての職務を行使することができないため、後任の未成年後見人の選任を申し立てる必要があります（民840条1項後段）。

　(ｲ)　未成年後見人の辞任

　未成年後見は、単に未成年者の保護という私的な関係にとどまらず、社会的・公益的性質をもつため、未成年後見人に自由に辞任を認めることは相当でなく、「正当な事由」がある場合に限り、家庭裁判所の許可を得てその任務を辞することができると定められています（民844条、手続39条別表第1・72項）。

　どのような場合に「正当な事由」があるとされるかは、個々の事案において家庭裁判所が許可の審判をする際に判断しますが、未成年後見人と未成年者の居住地が遠方となり適切な事務が期待できない場合や、未成年後見人の

老齢や疾病、そのほか未成年者のための事務遂行に支障があると考えられる具体的な事情が必要となると思われます。

　未成年後見人がその任務を辞したことによって新たに未成年後見人を選任する必要が生じたときは、その未成年後見人は、遅滞なく新たな未成年後見人の選任を家庭裁判所に請求しなければなりません（民845条）。未成年後見の相対的終了の場合、未成年後見の必要性が継続するため、空白期間なく未成年後見人が選任される必要があるためです。

　　㈦　未成年後見人の解任

　未成年後見人に不正な行為、著しい不行跡その他後見の任務に適しない事由があるときは、家庭裁判所は、未成年後見監督人、未成年者もしくはその親族もしくは検察官の請求によりまたは職権で、これを解任することができます（民846条、手続39条別表第1・73項）。

　何が「後見の任務に適しない事由」となるかは個々の事案における家庭裁判所の判断に委ねられますが、未成年後見人が負う各種の義務違反もその判断材料と考えられます（本章Q6・Q7など参照）。

2　未成年後見人の欠格事由

　民法847条に列挙されている事由（①未成年者、②家庭裁判所で免ぜられた法定代理人、保佐人または補助人、③破産者、④未成年者に対して訴訟をし、またはした者並びにその配偶者および直系血族、⑤行方の知れない者）に該当する者は、未成年後見人になることができません。

　前記②について、未成年者について免ぜられた場合のみならず、他の者について免ぜられた場合も含みます。また、④について、単に未成年者を形式上被告として相手方としたにすぎない場合は、含まれないとする判例があります（大判明治43・11・29民録16輯855頁参照）。

Q18 未成年後見業務の終了時の職務について（家庭裁判所への終了報告の留意点も含めて）教えてください

　未成年後見の業務終了に際しては、成年後見業務と同様に、後見の計算を行い、財産目録などの作成を行います。成年後見業務の場合には、残された財産は相続人へと引き継がれますが、成人に達した場合などは、未成年者（本人）に財産を引き渡すこととなります。
　また、業務終了報告を家庭裁判所に提出しなければなりません。

1　管理計算義務

　管理計算義務とは、未成年後見人が管理していたいっさいの財産の収入および支出を明確にして、財産の現在の額を計算することであり、民法870条は、未成年後見の終了についての中心的な規定です。
　(1)　受任者の委任終了における報告義務との違い
　民法645条は強行規定ではないため、明示または黙示の契約によって軽減または免除することができますが、未成年後見の終了における管理計算義務は、免除されることはありません。
　(2)　本人が成年に達したときの親権者の財産の管理の計算との違い
　親権の場合には、養育および管理の費用と収益を相殺したものとみなされますが（民法828条ただし書）、未成年後見の場合には相殺は認められず、計算期間についても、2カ月という期間の定めがあります。

2　管理計算義務者

管理計算義務者は未成年後見人ですが、未成年後見人が計算を終了する前に死亡した場合には、その者の相続人が行います（民870条）。

3　未成年後見監督人の立会い

未成年後見監督人がいる場合、その立会いは管理計算の要件です（民871条）。未成年後見監督人が介在することで、適正・公正な管理計算の実施を確保することが目的です（第4章Q22参照）。

4　家庭裁判所への終了報告

管理計算に関する報告書類は、成年後見の場合のそれとほぼ同じですが、本人へ財産を引き継ぎ（本章Q21参照）、本人に引き継ぎを受けた旨の報告書を記載してもらう点が異なります（【書式11】【書式12】参照）。

財産が高額な場合は、成年に達したばかりの本人にそのまま引き継ぐのは不安や危険があることから、親族後見人であった者が、本人と話し合いのうえ、一定の時期まで引き続き管理を続けることが少なくありません。その場合は、家庭裁判所にその旨の報告をします。信託の利用も選択肢として考える必要があります。

5　戸籍の届出

未成年後見に関する事項は、未成年者の戸籍に記載されているため、未成年後見終了時には戸籍の届出が必要になります（戸籍84条・85条）。

未成年後見人選任時には、未成年後見が開始した理由、未成年後見人および未成年後見監督人の氏名・本籍・筆頭者、選任審判確定日が管轄家庭裁判所書記官からの嘱託で本人の戸籍に記載されていますが、未成年後見終了時には、終了理由によっては嘱託ではなく未成年後見人または未成年後見監督

Q18 未成年後見業務の終了時の職務について（家庭裁判所への終了報告の留意
　　点も含めて）教えてください

人が10日以内に市区町村の戸籍窓口に届出をしなければならないことになっています（本章Q4の〈表1〉、Q20参照）。

105

第3章　未成年後見人の実務

【書式11】　後見事務報告書（後見終了時）

平成27年（家）第○○号

後見事務報告書（後見終了時）

○○家庭裁判所　御中

平成31年1月○○日

　　　　　　　住所　　○○県○○市○○町○○番○○号

　　　　　　　未成年後見人　　乙　原　高　助　　㊞
　　　　　　　（電話番号）　　　00-0000-0000

　　　　　　　住所　　○○県○○市○○町○○番○○号

　　　　　　　未成年後見監督人　丁　野　一　郎　　㊞
　　　　　　　（電話番号）　　　00-0000-0000

　頭書事件につき、平成29年8月1日から平成30年12月25日（後見終了時）までの後見事務について報告致します。なお、財産引継報告書も合わせて提出いたします。

1．未成年者の現在の状況について教えてください。
　　☑　現在の状況は次のとおりです。
　　　　氏　名　　甲野啓太郎　　　　　　　　（ 20 歳）
　　　　住　所　　東京都○○市○○町○○番地
　　　　学校・職場　（名称）　○○大学法学部　　（ 2 年生）
　　　　　　　　　　（所在地）東京都○○市○○町○○番地

　　□　現在の状況はわかりません。
　　　（理由）

2．審判（または前回の照会）後、財産の状況が大きく変化していますか。
　　（例：不動産売却、相続、保険金受領など）
　　☑　ない
　　□　ある（内容）

Q18　未成年後見業務の終了時の職務について（家庭裁判所への終了報告の留意点も含めて）教えてください

3．審判（または前回の照会）後，本人の財産の中から，毎月の決まったもの以外で大きな支出がありましたか。
☑ ない　　□ ある（支出内容を記載してください。）

時　　期	金　　額	使　　途	備　　考
平成　年　月ころ	円		
平成　年　月ころ	円		

※領収書等がある場合には，写し（コピー）を添付してください。また，書ききれない場合は，別紙を添付して記載してください。

4．現在、未成年者は，財産目録記載の財産の存在について知っていますか。理由についてもお答えください。
　　☑ 全て知っている。
　　□ 一部知っている。（理由）

　　□ 知らない。（理由）

　　□ その他（理由）

5．財産目録記載の財産の引継につき，終了しましたか。また，どのようにお考えですか。
　　☑ 平成30年12月25日引継終了した。（※財産引継報告書を添付して下さい）
　　□ 平成　年　月　日引継予定である。
　　□ 平成　年　月の＿＿＿＿＿＿頃まで継続して管理する予定である。
　　　（例：大学卒業・他の未成年者の成人時など）

　　□ 未定（理由）

　　□ その他（理由）

6．裁判所への連絡事項（未成年に財産の引継ができない理由など）があればお書きください。
　　　特にありません。

以　上

※これはあくまで参考書式です。家庭裁判所によって、様式が異なります。

第3章　未成年後見人の実務

【書式12】　財産引継報告書

平成27年（家）第○○号

財産引継報告書

<u>○○家庭裁判所</u>　御中

平成30年12月25日

　　住所　　<u>東京都○○市○○町○○番○○号</u>

　　氏名　　<u>　甲　野　啓太郎　　　　　</u>㊞
　　生年月日　<u>平成10年12月25日生　　　</u>
　　（電話番号）　<u>000-0000-0000　　　　</u>

　これまで未成年後見人　<u>乙　原　高　助</u>　さんが管理していた私の財産について次のとおり報告します。
　（以下の該当する項目にチェックをして，お答えください。）

　　☑　平成30年12月25日引継終了した。
　　☐　平成　年　月　日引継予定である。
　　☐　平成　年　月の<u>　　　　　　　　</u>頃まで継続して管理する予定である。
　　　（例：大学卒業・他の未成年者の成人時など）

　　☐　未定（理由）

　　☐　その他（理由）

以　上

Q19　未成年後見の終了に関するその他の民法の規定を教えてください

> 　未成年後見の終了に際しては、未成年者（本人）と未成年後見人等との間の契約等の取消しや返還金に対する利息の支払い等、未成年後見に関して生じた債権の消滅時効などの規定があります。

1　未成年者と未成年後見人等との間の契約等の取消し

　未成年者は、成年（婚姻による成年擬制を含む）に達すると、完全な行為能力者となります。しかし、未成年者は、自己の財産の状態について必ずしも十分な認識をもっているとはいえません。そのため、本人は成年到達後も、未成年後見人からの影響を受けやすい状況にあります。

　そこで、民法では、このような立場にある本人を保護するため、本人が、成年に達した後、後見の計算が終了するまでの間に未成年後見人との間にした契約および単独行為について取り消すことができるものとしています（民872条1項）。取消しの対象となる行為は、本人が、成年に達した後、後見の計算が終了するまでの間に未成年後見人との間にした、契約および債務免除等の単独行為です。取消権者は、本人のみで、取消しの相手側は、未成年後見人またはその相続人です。

　また、民法872条2項により、取消しの催告権（民20条）、取消しの効果（民121条）、追認（民122条）、取消しおよび追認の方法（民123条）、追認の要件（民124条）、法定追認（民125条）、取消権の消滅時効（民126条）について準用しています。

2 返還金に対する利息の支払い等

　本人が成年に達し、未成年後見が終了すると、未成年後見人は管理していた財産を本人に返還しなくてはなりません。また、未成年後見人が未成年後見事務に関しての費用を立て替えていた場合には、本人は、未成年後見人にその費用を返還しなければなりません。

　そして、民法では、その返還すべき金額について、後見の計算が終了した時から利息を付けなければならないと定めています（民873条1項）。この利息は一種の遅延利息とされ、利率は年5分（民404条）です。

　利息は、後見の計算が終了した時から付されますが、民法870条により、後見の計算は、後見終了より2カ月以内にしなければならないと定められているため、家庭裁判所の審判により伸長されない限り（同条ただし書、手続39条別表第1・83項）、遅くても後見終了後2カ月を過ぎれば利息が付されることになります。そのため、財産の引き継ぎが困難と予測される事案では、未成年後見人は、必要以上に現金を手元に置くのは控えるなどの注意が必要です。

　未成年後見人が自己のために管理している金銭を消費することは許されず、仮に消費した場合には即時に返還義務が生じます。また、返還義務には消費した時から利息が付され、本人に損害が生じた場合にはその損害も賠償しなければなりません（民873条2項）。なお、同条には、横領などの不正の意図までは不要とされます。

3 委任の規定の準用

(1) 任務終了後の応急処分義務

　急迫の事情が存する場合においても、未成年後見が終了したものとして、未成年後見人が事務を中止した場合、本人は不測の損害を被ることになります。民法では、本人の不測の損害を防ぐために、未成年後見人に必要な処分

の義務（応急処分義務）を負わせています（民654条）。具体例として、本人の権利が、本人自身が事実上行使可能になるまでに時効消滅するおそれがある場合などがあげられます。民法654条の義務に違反すると、未成年後見人は、善管注意義務違反（民869条・644条）として損害賠償責任を負います。

(2) 未成年後見終了の対抗要件

未成年後見の終了は、これを相手方に通知したとき、または相手がこれを知っていたときでなければ、これをもって相手方に対抗することができません（民655条）。

民法655条により、本人か未成年後見人のいずれかが、未成年後見終了を知らない間は、未成年後見が継続していると扱われ、未成年後見人は善管注意義務（民869条・644条）を負うことになります。

4　未成年後見に関して生じた債権の消滅時効

未成年後見の終了後は、早期に法律関係を安定させる趣旨から、未成年後見に関して生じた債権については、未成年後見終了後、5年の短期消滅時効が適用されます（民875条1項・832条1項）。

未成年後見に関して生じた債権とは、未成年後見人または未成年後見監督人がその事務として支出した費用償還請求権、立替金償還請求権といった、未成年後見人または未成年後見監督人の本人に対する債権と、不適切な未成年後見事務により未成年後見人または未成年後見監督人が本人に対して負う損害賠償債務といった、本人の未成年後見人または未成年後見監督人に対する債権があります。

時効の起算点は、未成年後見の絶対的終了による場合は、未成年後見の終了時ですが、未成年後見人の辞任・解任・死亡といった未成年後見の相対的終了の場合は、後任の未成年後見人の就任時です。

したがって、未成年後見事務に関する領収証等の記録書類について、未成年後見事務の終了後、最低5年保管することが望ましいといえます。

また、本人が、成年に達した後、後見の計算が終了するまでの間に未成年後見人との間にした契約および単独行為について取り消した場合（民872条1項）、5年の短期消滅時効が適用され、取消しの時が時効の起算点です（民875条2項）。

Q20 未成年後見業務が終了した時点の戸籍法上の手続について教えてください

　未成年後見業務が終了した時点における戸籍法上の手続については、その終了原因によって手続が異なります。

1　未成年後見人としての業務が終了した場合

(1)　終了原因が未成年後見人の死亡または欠格事由の発生の場合

　未成年後見人が、死亡または欠格事由の発生によってその地位を失った場合は、未成年者の本籍地市区町村長に対して、未成年後見人地位喪失の届出をしなければなりません（戸籍82条、本章Ｑ４の〈表１〉参照）。

　未成年後見人が１名であった場合の届出義務者は、その後任の未成年後見人であり、就任の日から10日以内に、未成年後見人地位喪失の届出をしなければなりません（戸籍82条１項）。未成年後見人が複数いる場合の届出義務者は、他の未成年後見人であり、その事実を知った日から10日以内に、未成年後見人地位喪失の届出をしなければなりません（同条２項）。なお、これらの届出は、未成年者、その親族または未成年後見監督人から届出することもできます（同条３項）。

(2)　終了原因が未成年後見人の辞任または解任の場合

　未成年後見人が、家庭裁判所から辞任許可の審判（民844条、手続39条別表１・72項）を受けた場合、または未成年後見人解任の審判（民846条、手続39条別表第１・73項）が確定した場合には、家庭裁判所書記官からの戸籍記載の嘱託がなされるので（本章Ｑ４の〈表２〉参照）、戸籍の届出は不要です。

113

(3) 未成年後見が絶対的に終了する場合

　未成年者が死亡（失踪宣告含む）した場合には、その届出によって戸籍に死亡等の記載がなされますので、未成年後見終了の記載をする実益がないため、未成年後見終了の届出も戸籍の記載も不要とされています（大正5・3・22民69号回答）。

　未成年者が成年に達した（婚姻含む）場合、市町村長限りの職権によって未成年後見終了の旨の戸籍記載をすることができますが、その事実が本人の戸籍の出生の年月日や婚姻の記載により判断できることから、本人から特に未成年後見終了の記載について申出がない限り、職権でその記載をすることは要しないとされています（昭和54・8・21民二4391通達）。

　また、親権または管理権を行う者があるに至った場合（たとえば、養子縁組や親権喪失等の審判の取消しなど）において、それぞれの届出の受理によって親権の発生・回復・変更の効力が生じるときは、いずれも戸籍の記載自体によって未成年後見が終了したことは明らかであるから、これらの場合も本人から特に未成年後見終了の記載について申出がない限り、職権でその記載をすることは要しないとされています（昭和54・8・21民二4391通達）。

　しかし、いずれの場合も、専門職後見人として、戸籍法84条による届出義務を負っていますので、前記先例にかかわらず、未成年後見終了の届出の必要があると考えられます。また、行方不明または長期不在の親権者が帰来し、親権を行使しうるようになった場合には、未成年後見終了の届出（戸籍84条）が必要であり、戸籍の記載も省略すべきではないとされています。

2　未成年後見監督人としての業務が終了した場合

　未成年後見監督人の任務は、①未成年後見そのものの終了、②未成年後見監督人の死亡、③辞任または解任、④欠格事由の発生による終了の四つの場合に終了しますが、任務終了の届出を要するのは、④欠格事由の発生による終了の場合のみとなります。

Q20　未成年後見業務が終了した時点の戸籍法上の手続について教えてください

　未成年者の死亡や成年到達などにより未成年後見そのものが終了する前記①の場合は、未成年後見人から未成年後見終了の届出（戸籍84条）がなされるため、さらなる未成年後見監督人からの任務終了の届出は不要であるとされています。

　前記②の場合は、未成年後見監督人自身の死亡届、および後任者または他の未成年後見監督人から未成年後見監督人地位喪失の届出（戸籍85条・82条）がなされるため、この場合も任務終了の届出をする必要はありません。これらの届出は、未成年者本人、その親族または未成年後見人から届出することもできます。

　前記③の場合には、裁判所書記官から戸籍記載の嘱託がなされますので、任務終了の届出は不要です。

　したがって、前記④の場合にのみ、任務終了の届出をする必要があります。

　届出義務者は、当該未成年後見監督人です。任務終了の原因が発生した日で、その日から10日以内に届出事件の本人の本籍地または届出人の住所地に未成年後見監督人任務終了届をしなければなりません（戸籍85条・84条、本章Ｑ４の〈表１〉参照）。

115

Q21 未成年後見業務終了時の財産の引き継ぎにおける留意点について教えてください

> 個人差はあるにせよ、一度に多額の金銭を本人が手にすることになりますので、財産の引渡しをする際には工夫が必要です。

　未成年後見業務は、本人が20歳に達したとき（成年擬制も含みます）、当然に終了し、本人にその財産を引き継ぐことになります。

　親族が同居している場合などは、親族の立会いのもと、本人に財産を引き渡したり、中にはその場で本人が親族に管理を委任するようなこともあるようです。また、本人がすでに独立しているような場合は、財産を引き渡すほかに、生活にかかる費用の支払方法などもあわせて引き継ぎます。

　どちらにしても、高額な財産が残っている場合には、金融機関等から投資商品の勧誘を受けたりすることが多いので、そのリスクを十分に説明しておく必要があるということ、そして今後の本人の生活設計に基づいて計画的に使わなければいけないことを本人に十分理解してもらうことが必要です。過去の例ですと、お金を手にしたとたんに高級車を購入したり、遊興費に使ってしまったりしたケースもあるようです。その善し悪しを簡単に決めつけることはできませんが、本人が不安に思うことは応えてあげられる体制を残しておく、困ったことがあったら相談に応じるという拠り所を示すだけでも、本人にとっては心強いことであるはずです。

　また、20歳になって急にそのような話をするということではなく、1年前、半年前から徐々に本人と話し合い、自覚をもってもらうことも必要でしょう。

　未成年後見人だった専門職が、その後も任意契約で財産管理をすることに

Q21 未成年後見業務終了時の財産の引き継ぎにおける留意点について教えてください

関しては、未成年者との長期間の信頼関係の構築など難しい面もあり、さまざまな問題を孕んでいるので、今後は、信託の活用など、本人にとって安全でよりよい方策を考えていくことが課題ともいえるでしょう。

第4章
未成年後見監督人の実務

Q22 未成年後見監督人の選任の方法や基準、欠格事由について教えてください

> 未成年後見監督人は、家庭裁判所として必要があると認めた場合に、未成年者、その親族もしくは未成年後見人の請求によりまたは職権で選任されます。
> また、未成年後見監督人には、欠格事由が規定されています。

1 遺言による指定

未成年後見人を指定することができる者は、民法839条に規定されているとおり、未成年者に対し最後に親権を行う者でかつ管理権を有する者、および親権を行う父母の一方が管理権を有しないときの他の一方です。

これらの者は、遺言で未成年後見監督人を指定することができます（民848条）。

2 申立てに基づく家庭裁判所による選任

未成年者、その親族、未成年後見人が請求権者であり（民849条）、未成年後見人選任における請求権者である利害関係人は含まれません（民840条1項参照。第3章Q3参照）。利害関係人を含まないのは、家庭裁判所の職権による選任で対応が可能であるからと思われます（後記3参照）。

3 家庭裁判所の職権による選任

法定後見制度においては、家庭裁判所が、直接、未成年後見人等を監督することとしているため、未成年後見監督人等は、必要に応じて、その監督を

Q22 未成年後見監督人の選任の方法や基準、欠格事由について教えてください

補強する任意の設置機関となっています。遺言による指定や請求権者による選任請求がない場合でも、家庭裁判所は職権で未成年後見監督人を選任することができます（民849条）。実際には、この職権による選任が一般的といえます。未成年後見監督人の選任基準は、未成年後見人と同じです（民852条・840条3項）。

4 未成年後見監督人が選任されると思われる事案

未成年後見監督人が選任されると思われる事案は、次の①〜④のようなケースです。

① 未成年者の財産が高額な場合
② 未成年者の財産管理や身上監護について親族間に争いがある場合
③ 不動産の処分や負の相続財産の処理等、専門知識を要する課題の存在が明らかな場合
④ 未成年後見人が後見事務に慣れるまでの間、未成年後見監督人の指導助言が必要な場合

なお、事案によっては、未成年後見監督人が選任されずに、専門職後見人が複数後見として選任される事案もあります。

5 未成年後見監督人の欠格事由

未成年後見監督人になれない者は、次の①〜③のとおりです（民850条）。

① 未成年後見人の配偶者　　内縁の配偶者は、明文には規定されていませんが、事実上欠格事由に該当します。
② 未成年後見人の直系血族　　自然血族だけでなく、法定血族も含まれます。
③ 未成年後見人の兄弟姉妹　　父母を同じくする兄弟姉妹だけでなく、父母のいずれかを同じくする半血兄弟姉妹も含まれます。

未成年後見監督人は、未成年後見人が適正に後見業務を行うよう厳重に監

121

督し、不正があれば適切に対処すべき職責があります。その未成年後見監督人の職責を未成年後見人の身近な親族に期待することは、当事者の心情面から難しいと思われます。

　初めから未成年後見人の近親者である場合はもちろんのこと、未成年後見監督人に就任した後に、未成年後見人と婚姻したような場合も欠格事由に該当するので、家庭裁判所より辞任を促されるものと考えられます。

　遺言による未成年後見監督人の指定（民848条。前記1参照）であっても、民法850条に違反する指定は無効と扱われます。

Q23 未成年後見監督人の業務と留意点について教えてください

> 未成年後見監督人の業務には、未成年後見人の事務を監督することをはじめ、急迫の事情がある場合に必要な処分をすることや、未成年後見人またはその代表する者と未成年者との利益が相反する行為について未成年者を代表することなどがあります。

1 未成年後見監督人の職務

(1) 未成年後見人の事務の監督

未成年後見人の事務の監督（民851条1号）として、民法が具体的に定めている未成年後見監督人の職務は、次の①～⑦のとおりです。

① 未成年後見人が就任時にする財産の調査・財産目録の作成に立ち会うこと（民853条2項）

② 未成年後見人が未成年者に対して有する債権債務についての申出を受領すること（民855条1項）

③ 未成年後見人が、親権者の定めた教育方法および居所を変更すること、営業を許可し、その許可を取消しまたはこれを制限することについて同意すること（民857条）

④ 未成年後見人に対し、後見事務の報告もしくは財産目録の提出を求め、または、後見事務もしくは未成年者の財産状況を調査すること（民863条1項）

⑤ 未成年者の財産の管理その他の後見事務についての必要な処分を家庭裁判所に請求すること（同条2項）

123

⑥　未成年後見人が未成年者に代わって営業もしくは元本領収以外の民法13条1項各号に掲げる行為をし、または、未成年者がこれをするのに同意を与えるについて、これに同意を与えること（民864条）

⑦　未成年後見終了時に後見の計算に立ち会うこと（民871条）

前記①～⑦のほか、未成年後見監督人は、未成年者の保護のため、広く未成年後見人の不正や職務怠慢がないよう善良な管理者の注意をもって、その職務にあたらなければなりません（民644条）。

(2)　未成年後見人の選任請求

未成年後見人が欠けた場合とは、死亡・辞任・解任・欠格事由によって、未成年後見人がいなくなることです。この場合、未成年後見監督人にも選任請求の義務が課されています（民851条2号）。

(3)　緊急の場合に必要な処分

未成年後見人が欠けた場合や一時不在などの事由から、その職務を行うことができない場合に、急いで対応しなければならない後見事務があり、これを行わなければ未成年者にとって回復しがたい損害を生じるとみられる場合には、未成年後見監督人は、未成年者または未成年後見人を代理して、必要な処分をすることができます（民851条3号）。たとえば、時効の中断や債務者の財産に対する差押え、倒壊しそうな家屋の修繕などがあげられます。

(4)　利益相反行為における未成年者の代表

未成年後見人またはその代表する者と未成年者との間に利益相反行為がある場合、未成年後見監督人が選任されているときは、特別代理人を選任せず、未成年後見監督人が未成年者を代表します（民851条4号）。

未成年後見人またはその代表する者と未成年者との間とは、次の①～④のような場合です。

①　未成年後見人と未成年者との間

②　未成年後見人の親権に服する子と未成年者との間

③　未成年後見人が任意代理人となって代表する場合の本人と未成年者と

の間

④ 一人の未成年後見人が数人の未成年者の後見を行う場合の未成年者間

2 受任者および未成年後見人の規定の準用

未成年後見監督人は、善良なる管理者の注意義務（民644条）、未成年後見監督終了時の応急処分の義務（民654条）、未成年後見監督終了時の通知（民655条）については、委任の規定の準用があり、辞任（民844条）、解任（民846条）、欠格事由（民847条）、未成年後見監督事務執行に必要な費用の支弁（民861条2項）、未成年後見監督人の報酬（民862条）については、未成年後見人の規定の準用があります。

また、未成年後見監督人は、そのほかに選任（民840条3項）と数人ある場合の権限の行使等（民857条の2）については、未成年後見人の規定の準用があります（民852条）。

複数後見監督人がある場合の権限行使については、身上監護に関する職務においては原則共同行使とし、財産管理に関する職務についても、家庭裁判所が単独行使の定めまたは権限分掌の定めをしていない限りは、共同行使が原則です（民852条・857条の2）。

3 親権喪失等の審判請求権

未成年者の利益のため、未成年後見人のほか未成年後見監督人も、家庭裁判所に対し、親権喪失の審判（民834条、手続39条別表第1・67項）、親権停止の審判（民834条の2、手続39条別表第1・67項）、管理権喪失の審判（民835条、手続39条別表第1・67項）の請求をすることができます。

4 未成年後見監督人の業務の特殊性

成年後見監督人と未成年後見監督人との業務を比較すると、財産管理面についての違いはほとんどありません。

大きな違いは、身上監護面（生活面の対応）において生じます。未成年者はその成長過程において、学校生活での問題、進学・就職の場面での問題、異性関係の問題など、さまざまな出来事にぶつかることが多く、親代わりである未成年後見人は対応に悩みます。

　未成年後見監督人は、そういった場面でも未成年後見人のサポート役が求められます。未成年者の今後の人生にかかわるデリケートな問題も生じ得ますので、適切な支援ができるよう、日頃から未成年後見人との関係を円滑なものにしておくことが必要です。

Q24 未成年後見事務の監督、未成年後見監督人の同意を要する行為について（取消権を含めて）教えてください

> 未成年後見監督人または家庭裁判所は、いつでも、未成年後見人に対し未成年後見事務の報告もしくは財産目録の提出を求め、または未成年後見事務もしくは未成年者の財産の状況を調査することができます。
> また、未成年後見監督人の同意を要する行為が規定されており、この同意を得ずして未成年後見人がした行為または同意を与えた行為は、未成年者または未成年後見人が取り消すことができます。

1 未成年後見事務の監督

未成年後見監督人または家庭裁判所は「いつでも」未成年後見人に対し、未成年者の身上監護および財産管理、一般事務すべてに関する未成年後見事務の報告を求め、調査をすることができます（民863条1項）。

2 未成年後見監督人の同意を要する行為

(1) 概　要

未成年後見人は、未成年者の財産上の行為について同意権を有します。しかし、この権限を制約なく行使させると未成年者の利益とならない場合があります。

そこで、未成年後見監督人が選任されている場合には、その同意を得なければならない場合が定められています（民864条）。

(2) 営業もしくは民法13条1項各号の行為

一つは、未成年後見人が未成年者に代わって営業を行う場合や、未成年後見人が同意を与えて未成年者に営業を行わせる場合で、もう一つは、未成年後見人が、民法13条1項各号（同項1号の元本の領収でなく）の法律行為をする場合です。

3　取消し

未成年後見監督人の同意を得ないでした未成年後見人の同意権の行使および未成年者に代わって行った行為は、未成年者保護のために取り消すことができるとしています（民865条）。

この取消しの取消権者は、未成年者および未成年後見人です。未成年者は、能力者とならない以前においても取消権を有します。取り消すものは、未成年者の行為であり、未成年後見人の同意自体ではありません。未成年後見監督人は、取消権を有しません。

取消しの方法は、相手方が確定しているときは、相手方に対する意思表示によって行います（民123条）。

取消しによって、当該行為は遡及的に無効となり、原状回復の問題を生じます。制限行為能力者は、その行為によって現に利益を受ける限度において償還義務を負います（民121条）。

なお、民法864条に違反した未成年後見人に対する制裁についての特別な規定はありませんので、一般的な規定によって、未成年後見人に対する損害賠償および未成年後見人の解任の問題となります。

4　制限行為能力者の相手方の催告権の準用

制限行為能力者がまだ能力者とならないときは、催告はその法定代理人、保佐人、補助人に対してなされますが（民865条・20条2項）、未成年後見人が追認するには、未成年後見監督人の同意を必要とします。未成年後見人が

Q24 未成年後見事務の監督、未成年後見監督人の同意を要する行為について（取消権を含めて）教えてください

催告期間内に未成年後見監督人の同意を得た通知を発しないときは、行為を取り消したものとみなされます（同条3項）。

Q25 未成年後見監督業務の終了時の職務について（家庭裁判所への終了報告の留意点も含めて）教えてください

> 　未成年後見業務が終了した場合には、未成年後見人は2カ月以内にその管理の計算をしなければなりませんが、その場合、未成年後見監督人が選任されている場合には、その未成年後見監督人の立会いが必要となります。
> 　また、管理計算の結果および未成年後見人の業務の監督報告もあわせて家庭裁判所へ報告しなければなりません。
> 　さらに、未成年後見監督人としての欠格事由が発生したために業務が終了した場合には、戸籍法上の届出が必要となります。

1　未成年後見の計算

　未成年後見の開始から終了までの未成年後見事務の執行により生じた財産の変動を明らかにするために、管理財産の計算義務を定めています（民871条、第3章Q18参照）。親権者の管理権終了時の計算のように管理費用と収益との相殺が認められないこと、計算期間が2カ月と限られているなどの違いがあります。

　実務では、1年に1回程度、定期的に、未成年後見人が、後見事務報告書（第3章Q8の【書式8】（業務遂行時）参照）を家庭裁判所に提出していますので、未成年後見終了時の報告（第3章Q18の【書式11】（後見終了時）参照）は、最後の報告から終了時までの期間についてのものとなります。

Q25 未成年後見監督業務の終了時の職務について（家庭裁判所への終了報告の留意点も含めて）教えてください

2 未成年後見監督人の立会い

　未成年後見監督人が選任されている場合に、未成年後見人がその立会いを請求しないで、またはその機会を与えずに行った計算は無効と解されています。

　実務では、後見事務報告書は、未成年後見人と未成年後見監督人との連名で作成しますし（第3章のＱ4の【書式3】（後見人就任時）、Q8の【書式8】（業務遂行時）、Q18の【書式11】（後見人終了時）参照）、定期の報告の時期や後見終了時には、未成年後見監督人から後見人に対し、用意する書類等を連絡するなどして行います。

　財産が高額な場合、本人への引渡しをどうするかについて悩ましいところです。未成年後見の終了時期が近づいてきたら、その点について、未成年後見監督人は、未成年後見人と未成年者とで十分話し合うよう促すべきでしょう。

3 戸籍法上の届出

　未成年後見監督人の任務は、①未成年後見そのものの終了、②未成年後見監督人の死亡、③辞任または解任、④欠格事由の発生による四つの場合に終了しますが、任務終了の届出を要するのは、④の場合のみとなります。任務終了の原因が発生した日から10日以内に、届出事件の本人の本籍地または届出人の住所地に、未成年後見監督人任務終了届をしなければなりません（戸籍85条・84条。第3章Ｑ4の〈表1〉、Q20参照）。

第5章
未成年後見業務の関連知識

第5章　未成年後見業務の関連知識

Q26　未成年後見事件について、家事事件手続法ではどのように規定されていますか

> 　家事事件手続法においては、未成年後見に関する審判事件の種類やその管轄、それぞれの申立権者について規定されています。
> 　また、未成年後見人または未成年後見監督人の選任事件に関しては、申立て後の手続について規定するとともに、即時抗告ができる場合について列挙されています。

1　子の意思の把握

　未成年後見事件については、家事事件手続法の第9節（176条～181条）に規定されています。さらに、未成年後見事件等については、「子の陳述の聴取、家庭裁判所調査官による調査その他の適切な方法により、子の意思を把握するように努め、……子の年齢及び発達の程度に応じて、その意思を考慮しなければならない」（手続65条）と定められています。

2　管　轄

　未成年後見事件は、未成年者の住所地を管轄する家庭裁判所の管轄に属します（手続176条）。

3　手続行為能力

　未成年後見事件のうち、①養子の離縁後に未成年後見人となるべき者の選任（民811条5項、手続39条別表第1・70項）、②未成年後見人の選任（民840条1項・2項、手続39条別表第1・71項）、③未成年後見人の解任（民846条、手

Q26 未成年後見事件について、家事事件手続法ではどのように規定されていますか

続39条別表第1・73項)、④未成年後見監督人の選任（民849条、手続39条別表第1・74項)、⑤未成年後見監督人の解任（民852条・846条、手続39条別表第1・76項)、⑥未成年者に関する特別代理人の選任（民860条・826条、手続39条別表第1・79項)、⑦未成年後見の事務の監督（民863条、手続39条別表第1・81項)、⑧第三者が未成年者に与えた財産の管理に関する処分（民869条・867条2項、手続別表第1・82項）の審判事件に関しては、未成年者自ら手続行為をすることができます（手続177条による手続118条の準用）。

これは、未成年後見事件は、未成年者の利益の観点から処理されるものなので、未成年者が意思能力を有する限り、できるだけその意思を尊重し、自ら審判手続に関与できるようにすべきだからです。なお、この場合であっても、親権者または未成年後見人は、原則として未成年者に代理して手続行為をすることができます（手続18条）。

4 陳述および意見の聴取

家庭裁判所は、未成年後見人または未成年後見監督人の選任事件に関しては、申立人が未成年者自身である場合を除き、15歳以上の未成年者の陳述を聴く必要があります（手続178条1項1号）。また、未成年後見人や未成年後見監督人を解任する場合は、その者らの陳述を聴く必要があります（同項2号・3号）。

さらに、いったん選任されたら任意で辞任できない等の理由から、離縁後に未成年後見人となるべき者または未成年後見人の選任事件に関しては未成年後見人となるべき者の意見、未成年後見監督人の選任事件に関しては未成年後見監督人となるべき者の意見を聴取する必要があります（同条2項）。

5 即時抗告

養子の離縁後に未成年後見人となるべき者の選任の申立てを却下する審判に対して、申立人は即時抗告をすることができます。これは、養子の離縁後

に養子に法定代理人になるべき者がいない場合に、未成年後見人の選任の申立てが却下されると、養親との間で離縁の協議をすることができず、結局離縁できなくなるからです。

さらに、未成年後見人や未成年後見監督人の解任の審判に対しては解任された者から、未成年後見人や未成年後見監督人の解任の申立てが却下された場合は、申立人等から即時抗告をすることができます（手続179条）。

6　成年後見事件の規定の準用

家事事件手続法180条では、成年後見に関する審判事件の規定を準用しており、未成年後見人を欠いていることを理由とする未成年後見人の選任の申立てについては、いったん申し立てると、審判がなされる前であっても家庭裁判所の許可を得なければ取り下げることはできないと規定しています（手続121条の準用）。これは、未成年後見人の選任の申立てを職権ですることはできないからです（民840条1項）。

また、家庭裁判所は、未成年後見事務の監督の一環として、適当な者あるいは家庭裁判所調査官に、未成年後見事務や未成年者の財産の状況を調査させたり、第三者が未成年者に与えた財産の管理に関する処分の審判事件において管理者を選任できることとされています（手続124条・125条の準用）。

7　保全処分

家事事件手続法181条では、未成年後見人および未成年後見監督人の解任の審判が申し立てられた際に、申立人の申立てまたは職権で、審判が効力を生ずるまでの間、未成年後見人等の職務の執行を停止し、またはその職務代行者を選任することができると規定されています（手続127条の準用）。

Q27 未成年後見業務を遂行するにあたり、子どもの権利の観点から留意すべき点はありますか

> 意見表明権など、子どもの権利条約に掲げられている理念を理解することは、子どもの人権にかかわる者として、大変重要な事柄です。
> また、民法、家事事件手続法においても、子どもの権利への配慮がなされています。

1　子どもの権利条約

　日本は、1994年（平成6年）に、子どもの権利条約を批准しました。この条約は、児童にかかわるすべての活動において、児童の最善の利益を確保することを第一次的な考慮事項とし（条約3条1項）、人種、性、宗教、財産その他にかかわらず、すべての児童について平等な権利を保障することを定め（条約2条1項）、児童を権利行使の主体として保護する旨を定めたものです。

　この条約においては、児童の表現の自由（条約13条）、思想、良心および宗教の自由（条約14条）、相当な生活水準の保障（条約27条）などの基本的人権を保障するほか、虐待・放置等から保護される権利（条約19条）、遊ぶ権利や文化的・芸術的な生活に参加する権利（条約31条）など、児童が大人社会で保護され、健全に発達・成長することを保障するための規定も多く定められています。

　また、この条約は、「自己の意見を形成する能力のある児童がその児童に影響を及ぼすすべての事項について自由に自己の意見を表明する権利」（意見表明権。条約12条1項）を定め、これを実現するためあらゆる司法上およ

び行政上の手続において、児童が「聴取される機会」を与えられることを保障しています（同条2項）。

2　民法、家事事件手続法

　未成年後見人の選任手続においても、民法では、未成年者の「意見その他一切の事情を考慮しなければならない」（民840条3項）という規定がされ、また、家事事件手続法では、未成年後見人または未成年後見監督人の選任の審判をする場合にあっては、未成年者（15歳以上のものに限る）の陳述を聞かなければならないとする規定がされ（手続178条1項1号）、未成年者が手続の進行や内容を知り、意見を聴取される権利について明文規定がおかれ、手続保障がされています。

　家事事件手続法の定めによれば、未成年者が15歳未満である場合にあっては、意見表明の機会を与えなくてもよいようにも読めます。しかし、未成年者の年齢によって、一律に意見表明権の有無を判断することは適切ではなく、個々の能力に応じて判断されるべきであり、法律専門職が未成年後見人の選任申立てに関与し、また、未成年後見人として職務遂行する際にも、児童の意見表明権について十分配慮をしなければなりません。

Q28　各法律で定める「保護者」の定義・責任の違いについて教えてください

> 「保護者」とは、社会的弱者を監督・保護する義務を負う者のことです。未成年者や精神障害者など、社会的弱者の権利・権益を守る各法律により「保護者」の定義は異なります。そして、保護者の責任は、各法律の目的や条文の内容から、民事責任、刑事責任のほかにも、道義的責任があることがわかります。

1　児童福祉法

(1)　定　義

　児童福祉法上の保護者とは、「親権を行う者、未成年後見人その他の者で、児童を現に監護する者をいう」（児福6条）とされています（第2章Q1参照）。未成年後見人であっても、児童の養育を他人に委ねている場合には、現に監護していないことになり、児童福祉法では保護者にはなりません。

(2)　保護者ではない未成年後見人に関する制限

　児童福祉施設の長、ファミリーホームの長または里親は、入所中または受託中の児童等で親権を行う者または未成年後見人のあるものについても、監護、教育および懲戒に関し、その児童等の福祉のため必要な措置をとることができます（児福47条1項～3項）。

　また、親権を行う者または未成年後見人は、それらの措置を不当に妨げてはならないと規定されており（児福47条4項）、さらには、児童等の生命または身体の安全を確保するため緊急の必要があると認めるときは、その親権を行う者または未成年後見人の意に反しても、それらの措置をとることができ

ます（児福47条5項）。

2　児童虐待防止法

(1) 定　義

児童虐待防止法上の保護者の定義は、児童福祉法と同じです（児虐2条。第2章Q1、前記1参照）。

(2) 未成年後見人としての責任

児童虐待防止法では、まず、「児童の親権を行う者は、児童を心身ともに健やかに育成することについて第一義的責任を有するものであって、親権を行うに当たっては、できる限り児童の利益を尊重するよう努めなければならない」（児虐4条6項）と規定されています。これは当然に未成年後見人にも適用されます。

また、「児童の福祉に職務上関係のある者は、児童虐待を発見しやすい立場にあることを自覚し、児童虐待の早期発見に努めなければならない」（児虐5条1項）とされており、未成年後見人も、児童虐待の早期発見に努める義務があります。

3　少年法

(1) 定　義

少年法では、保護者とは、「少年に対して法律上監護教育の義務ある者及び少年を現に監護する者をいう」（少年2条2項）とされています（第2章Q1参照）。したがって、現に監護していない未成年後見人も保護者にあたります。

(2) 保護者の責任等

少年法では、保護者の責任等について、「家庭裁判所は、必要があると認めるときは、保護者に対し、少年の監護に関する責任を自覚させ、その非行を防止するため、調査又は審判において、自ら訓戒、指導その他の適当な措

Q28 各法律で定める「保護者」の定義・責任の違いについて教えてください

置をとり、又は家庭裁判所調査官に命じてこれらの措置をとらせることができる」（少年25条の2）と規定されています。

4 学校教育法

(1) 定 義

学校教育法では、保護者について、「子に対して親権を行う者（親権を行う者のないときは、未成年後見人）をいう」（学校16条）と定められています（第2章Q1参照）。

なお、児童福祉法48条により、児童養護施設の長や里親等も学校教育法の保護者に準じるとされています。実際、里親と未成年後見人が別々の場合は、里親が保護者として学校に届出をしていることがほとんどです。

(2) 保護者の責任

保護者は、学校教育法17条に定めるところにより、子に9年の普通教育を受けさせる義務を負います（学校16条）。これに違反すると、10万円以下の罰金に処せられる可能性があります（学校144条）。

5 その他の法律

これらの法律以外にも、障害者総合支援法（障害者の日常生活及び社会生活を総合的に支援するための法律）や知的障害者福祉法など、多くの法律に保護者が登場します。特に子どもに関する法律においては、親権者や未成年後見人が「保護者」になるほか、現に監護する者や児童をその支配下においている者も「保護者」となる場合があります。

また、子どもについても、法律によって「児童」や「少年」等と呼称されており、対象となる年齢が異なるので、その定義を確認する必要があります。

第5章　未成年後見業務の関連知識

Q29　児童相談所や児童養護施設とは、どのような機関・施設ですか

> 児童相談所は、子どもに関する相談に応じ、個々の子どもや家庭の支援をすることによって、子どもの生活環境を保護し、子どもの権利を擁護する機関です。
> 児童養護施設は、保護者のない児童、虐待されている児童その他環境上養護を要する児童を入所させて、これを養護し、あわせて退所した者に対する相談その他の自立のための援助を行うことを目的とする施設です。

1　児童相談所

(1)　児童相談所の設置目的と相談援助活動の理念

　児童相談所は、市町村と適切な役割分担・連携を図りつつ、子どもに関する家庭その他からの相談に応じ、子どもの有する問題または真のニーズ、子どものおかれた環境の状況等を的確にとらえ、個々の子どもや家庭に最も効果的な援助を行い、もって子どもの福祉を図るとともに、その権利を擁護すること（以下、「相談援助活動」といいます）を主たる目的として、都道府県、指定都市、中核市および児童相談所設置市（児福59条の4第1項）に設置される行政機関です（〈表3〉〔図2〕〔図3〕〈表4〉参照）。

　児童相談所における相談援助活動は、すべての子どもが心身ともに健やかに育ち、そのもてる力を最大限に発揮することができるよう、子どもおよびその家庭等を援助することを目的とし、児童福祉の理念および児童育成の責任の原理に基づき行われます。このため、常に子どもの最善の利益を考慮し、援助活動を展開していくことが必要です。

Q29　児童相談所や児童養護施設とは、どのような機関・施設ですか

〈表3〉　全国児童相談所一覧（平成26年4月1日現在）

都道府県 政令指定都市 児童相談所設置市	児童相談所	〒	住所	電話番号
1　北海道	中央児童相談所	064-8564	札幌市中央区円山西町2-1-1	011-631-0301
	旭川児童相談所	070-0040	旭川市10条通11	0166-23-8195
	稚内分室	097-0002	稚内市潮見1-11	0162-32-6171
	帯広児童相談所	080-0801	帯広市東1条南1-1-2	0155-22-5100
	釧路児童相談所	085-0805	釧路市桜ヶ岡1-4-32	0154-92-3717
	函館児童相談所	040-8552	函館市中島町37-8	0138-54-4152
	北見児童相談所	090-0061	北見市東陵町36-3	0157-24-3498
	岩見沢児童相談所	068-0828	岩見沢市鳩が丘1-9-16	0126-22-1119
	室蘭児童相談所	050-0082	室蘭市寿町1-6-12	0143-44-4152
2　青森	中央児童相談所	038-0003	青森市石江字江渡5-1	017-781-9744
	弘前児童相談所	036-8065	弘前市大字西城北1-3-7	0172-36-7474
	八戸児童相談所	039-1101	八戸市大字尻内町字鴨田7	0178-27-2271
	五所川原児童相談所	037-0046	五所川原市栄町10	0173-38-1555
	七戸児童相談所	039-2574	上北郡七戸町字蛇坂55-1	0176-60-8086
	むつ児童相談所	035-0073	むつ市中央1-1-8	0175-23-5975
3　岩手	福祉総合相談センター	020-0015	盛岡市本町通3-19-1	019-629-9600
	宮古児童相談所	027-0075	宮古市和見町9-29	0193-62-4059
	一関児童相談所	021-0027	一関市竹山町5-28	0191-21-0560
4　宮城	中央児童相談所	981-1217	名取市美田園2-1-4	022-784-3583
	東部児童相談所	986-0812	石巻市東中里1-4-32	0225-95-1121
	気仙沼支所	988-0066	気仙沼市東新城3-3-3	0226-21-1020
	北部児童相談所	989-6161	大崎市古川駅南2-4-3	0229-22-0030
5　秋田	中央児童相談所	010-1602	秋田市新屋下川原町1-1	018-862-7311
	北児童相談所	018-5601	大館市十二所字平内新田237-1	0186-52-3956
	南児童相談所	013-8503	横手市旭川1-3-46	0182-32-0500
6　山形	福祉相談センター	990-0031	山形市十日町1-6-6	023-627-1195
	庄内児童相談所	997-0013	鶴岡市道形町49-6	0235-22-0790
7　福島	中央児童相談所	960-8002	福島市森合町10-9	024-534-5101
	県中児童相談所	963-8540	郡山市麓山1-1-1	024-935-0611
	白河相談室	961-0074	白河市字郭内127	0248-22-5648
	会津児童相談所	965-0003	会津若松市一箕町大字八幡字門田1-3	0242-23-1400
	南会津相談室	967-0004	南会津町田島字天道沢甲2542-2	0241-63-0309
	浜児童相談所	970-8033	いわき市自由が丘38-15	0246-28-3346
	南相馬相談室	975-0031	南相馬市原町区錦町1-30	0244-26-1135
8　茨城	福祉相談センター	310-0005	水戸市水府町864-16	029-221-4150
	日立児童分室	317-0072	日立市弁天町3-4-7	0294-22-0294
	鹿行児童分室	311-1517	鉾田市鉾田1367-3	0291-33-4119
	土浦児童相談所	300-0812	土浦市下高津3-14-5	029-821-4595
	筑西児童相談所	308-0841	筑西市二木成615	0296-24-1614

第5章　未成年後見業務の関連知識

9	栃木	中央児童相談所	320-0071	宇都宮市野沢町4-1	028-665-7830
		県南児童相談所	328-0042	栃木市沼和田町17-22	0282-24-6121
		県北児童相談所	329-2723	那須塩原市南町7-20	0287-36-1058
10	群馬	中央児童相談所	379-2166	前橋市野中町360-1	027-261-1000
		北部支所	377-0027	渋川市金井394	0279-20-1010
		西部児童相談所	370-0829	高崎市高松町6	027-322-2498
		東部児童相談所	373-0033	太田市西本町41-34	0276-31-3721
11	埼玉	中央児童相談所	362-0013	上尾市上尾村1242-1	048-775-4152
		南児童相談所	333-0848	川口市芝下1-1-56	048-262-4152
		川越児童相談所	350-0838	川越市宮元町33-1	049-223-4152
		所沢児童相談所	359-0042	所沢市並木1-9-2	04-2992-4152
		熊谷児童相談所	360-0014	熊谷市箱田5-12-1	048-521-4152
		越谷児童相談所	343-0033	越谷市恩間402-1	048-975-4152
		草加支所	340-0035	草加市西町425-2	048-920-4152
12	千葉	中央児童相談所	263-0016	千葉市稲毛区天台1-10-3	043-253-4101
		市川児童相談所	272-0026	市川市東大和田2-8-6	047-370-1077
		柏児童相談所	277-0831	柏市根戸445-12	04-7131-7175
		銚子児童相談所	288-0813	銚子市台町2183	0479-23-0076
		東上総児童相談所	297-0029	茂原市高師3007-6	0475-27-1733
		君津児童相談所	299-1151	君津市中野4-18-9	0439-55-3100
13	東京	児童相談センター	169-0074	新宿区北新宿4-6-1	03-5937-2302
		北児童相談所	114-0002	北区王子6-1-12	03-3913-5421
		品川児童相談所	140-0001	品川区北品川3-7-21	03-3474-5442
		立川児童相談所	190-0012	立川市曙町3-10-19	042-523-1321
		江東児童相談所	135-0051	江東区枝川3-6-9	03-3640-5432
		杉並児童相談所	167-0052	杉並区南荻窪4-23-6	03-5370-6001
		小平児童相談所	187-0002	小平市花小金井1-31-24	042-467-3711
		八王子児童相談所	193-0931	八王子市台町2-7-13	042-624-1141
		足立児童相談所	123-0845	足立区西新井本町3-8-4	03-3854-1181
		多摩児童相談所	206-0024	多摩市諏訪2-6	042-372-5600
		世田谷児童相談所	156-0054	世田谷区桜丘5-28-12	03-5477-6301
14	神奈川	中央児童相談所	252-0813	藤沢市亀井野3119	0466-84-1600
		平塚児童相談所	254-0075	平塚市中原3-1-6	0463-73-6888
		鎌倉三浦地域児童相談所	238-0006	横須賀市日の出町1-4-7	046-828-7050
		小田原児童相談所	250-0042	小田原市荻窪350-1	0465-32-8000
		厚木児童相談所	243-0004	厚木市水引2-3-1	046-224-1111
15	新潟	中央児童相談所	950-0121	新潟市江南区亀田向陽4-2-1	025-381-1111
		長岡児童相談所	940-0865	長岡市四郎丸町237	0258-35-8500
		上越児童相談所	943-0807	上越市春日山町3-4-17	025-524-3355
		新発田児童相談所	957-8511	新発田市豊町3-3-2	0254-26-9131
		南魚沼児童相談所	949-6680	南魚沼市六日町620-2	025-770-2400
16	富山	富山児童相談所	930-0964	富山市東石金町4-52	076-423-4000
		高岡児童相談所	933-0045	高岡市本丸町12-12	0766-21-2124
17	石川	中央児童相談所	920-8557	金沢市本多町3-1-10	076-223-9553

Q29 児童相談所や児童養護施設とは、どのような機関・施設ですか

		七尾児童相談所	926-0031	七尾市古府町そ部8番1	0767-53-0811
18	福井	総合福祉相談所	910-0026	福井市光陽2-3-36	0776-24-5138
		敦賀児童相談所	914-0074	敦賀市角鹿町1-32	0770-22-0858
19	山梨	中央児童相談所	400-0005	甲府市北新1-2-12	055-254-8617
		都留児童相談所	402-0054	都留市田原3-5-24	0554-45-7838
20	長野	中央児童相談所	380-0872	長野市大字南長野妻科144	026-238-8010
		松本児童相談所	390-1401	松本市波田9986	0263-91-3370
		飯田児童相談所	395-0157	飯田市大瀬木1107-54	0265-25-8300
		諏訪児童相談所	392-0131	諏訪市湖南3248-3	0266-52-0056
		佐久児童相談所	385-0022	佐久市岩村田3152-1	0267-67-3437
21	岐阜	中央子ども相談センター	500-8385	岐阜市下奈良2-2-1	058-273-1111
		西濃子ども相談センター	503-0852	大垣市禾森町5-1458-10	0584-78-4838
		中濃子ども相談センター	505-8508	美濃加茂市古井町下古井2610-1	0574-25-3111
		東濃子ども相談センター	507-8708	多治見市上野町5-68-1	0572-23-1111
		飛騨子ども相談センター	506-0032	高山市千島町35-2	0577-32-0594
22	静岡	中央児童相談所	426-0026	藤枝市岡出山2丁目2番25号	054-646-3570
		賀茂児童相談所	415-0016	下田市中531-1	0558-24-2038
		東部児童相談所	410-8543	沼津市髙島本町1-3	055-920-2085
		富士児童相談所	416-0906	富士市本市場441-1	0545-65-2141
		西部児童相談所	438-8622	磐田市見付3599-4	0538-37-2810
23	愛知	中央児童・障害者相談センター	460-0001	名古屋市中区三の丸2-6-1	052-961-7250
		海部児童・障害者相談センター	496-8535	津島市西柳原町1-14	0567-25-8118
		知多児童・障害者相談センター	475-0902	半田市宮路町1-1	0569-22-3939
		西三河児童・障害者相談センター	444-0860	岡崎市明大寺本町1-4	0564-27-2779
		豊田加茂児童・障害者相談センター	471-0024	豊田市元城町3-17	0565-33-2211
		新城設楽児童・障害者相談センター	441-1326	新城市字中野6-1	0536-23-7366
		東三河児童・障害者相談センター	440-0806	豊橋市八町通5-4	0532-54-6465
		一宮児童相談センター	491-0917	一宮市昭和1-11-11	0586-45-1558
		春日井児童相談センター	480-0304	春日井市神屋町713-8	0568-88-7501
		刈谷児童相談センター	448-0851	刈谷市神田町1-3-4	0566-22-7111
24	三重	北勢児童相談所	510-0894	四日市市大字泊村977-1	059-347-2030
		中勢児童相談所	514-0113	津市一身田大古曽694-1	059-231-5666
		南勢志摩児童相談所	516-8566	伊勢市勢田町628-2	0596-27-5143
		伊賀児童相談所	518-8533	伊賀市四十九町2802	0595-24-8060
		紀州児童相談所	519-3695	尾鷲市坂場西町1-1	0597-23-3435
25	滋賀	中央子ども家庭相談センター	525-0072	草津市笠山7-4-45	077-562-1121

第5章　未成年後見業務の関連知識

		彦根子ども家庭相談センター	522-0043	彦根市小泉町932-1	0749-24-3741
26	京都	家庭支援総合センター	605-0862	京都市東山区清水4-185-1	075-531-9600
		宇治児童相談所	611-0033	宇治市大久保町井ノ尻13-1	0774-44-3340
		京田辺支所	610-0332	京田辺市興戸小モ詰18-1	0774-68-5520
		福知山児童相談所	620-0881	福知山市字堀小字内田1939-1	0773-22-3623
27	大阪	中央子ども家庭センター	572-0838	寝屋川市八坂町28-5	072-828-0161
		池田子ども家庭センター	563-0041	池田市満寿美町9-17	072-751-2858
		吹田子ども家庭センター	564-0072	吹田市出口町19-3	06-6389-3526
		東大阪子ども家庭センター	577-0809	東大阪市永和1-7-4	06-6721-1966
		富田林子ども家庭センター	584-0031	富田林市寿町2-6-1　大阪府南河内府民センタービル内	0721-25-1131
		岸和田子ども家庭センター	596-0043	岸和田市宮前町7-30	072-445-3977
28	兵庫	中央こども家庭センター	673-0021	明石市北王子町13-5	078-923-9966
		洲本分室	656-0021	洲本市塩屋2-4-5	0799-26-2075
		西宮こども家庭センター	662-0862	西宮市青木町3-23	0798-71-4670
		尼崎駐在	661-0024	尼崎市三反田町1-1-1	06-6423-0801
		川西こども家庭センター	666-0017	川西市火打1-22-8	072-756-6633
		丹波分室	669-3309	丹波市柏原町柏原688	0795-73-3866
		姫路こども家庭センター	670-0092	姫路市北新在家本町1-1-58	079-297-1261
		豊岡こども家庭センター	668-0063	豊岡市正法寺446	0796-22-4314
29	奈良	中央こども家庭相談センター	630-8306	奈良市紀寺町833	0742-26-3788
		高田こども家庭相談センター	635-0095	大和高田市大中17-6	0745-22-6079
30	和歌山	子ども・女性・障害者相談センター	641-0014	和歌山市毛見1437-218	073-445-5312
		紀南児童相談所	646-0011	田辺市新庄町3353-9	0739-22-1588
		新宮分室	647-8551	新宮市緑ヶ丘2-4-8	0735-21-9634
31	鳥取	中央児童相談所	680-0901	鳥取市江津318-1	0857-23-6080
		米子児童相談所	683-0052	米子市博労町4-50	0859-33-1471
		倉吉児童相談所	682-0021	倉吉市上井503-1	0858-23-1141
32	島根	中央児童相談所	690-0823	松江市西川津町3090-1	0852-21-3168
		隠岐相談室	685-8601	隠岐郡隠岐の島町港町塩口24	08512-2-9706
		出雲児童相談所	693-0051	出雲市小山町70	0853-21-0007
		浜田児童相談所	697-0005	浜田市上府町イ2591	0855-28-3560
		益田児童相談所	698-0041	益田市高津4-7-47	0856-22-0083
33	岡山	中央児童相談所	700-0807	岡山市北区南方2-13-1	086-235-4152
		倉敷児童相談所	710-0052	倉敷市美和1-14-31	086-421-0991
		井笠相談室	714-8502	笠岡市六番町2-5	0865-69-1680
		高梁分室	716-8585	高梁市落合町近似286-1	0866-21-2833
		高梁分室新見相談室	718-8550	新見市高尾2400	0866-21-2833
		津山児童相談所	708-0004	津山市山北288-1	0868-23-5131

Q29 児童相談所や児童養護施設とは、どのような機関・施設ですか

34	広島	西部こども家庭センター	734-0003	広島市南区宇品東4-1-26	082-254-0381
		東部こども家庭センター	720-0838	福山市瀬戸町山北291-1	084-951-2340
		北部こども家庭センター	728-0013	三次市十日市東4-6-1	0824-63-5181
35	山口	中央児童相談所	753-0214	山口市大内御堀922-1	083-922-7511
		宇部市駐在	755-0033	宇部市琴芝町1-1-50	0836-39-7514
		岩国児童相談所	740-0016	岩国市三笠町1-1-1	0827-29-1513
		周南児童相談所	745-0836	周南市慶万町2-13	0834-21-0554
		下関児童相談所	751-0823	下関市貴船町3-2-2	083-223-3191
		萩児童相談所	758-0041	萩市江向531-1	0838-22-1150
36	徳島	中央こども女性相談センター	770-0942	徳島市昭和町5-5-1	088-622-2205
		南部こども女性相談センター	774-0011	阿南市領家町野神319	0884-22-7130
		西部こども女性相談センター	777-0005	美馬市穴吹町穴吹字明連23	0883-53-3110
37	香川	子ども女性相談センター	760-0004	高松市西宝町2丁目6-32	087-862-8861
		西部子ども相談センター	763-0082	丸亀市土器町東8丁目526	0877-24-3173
38	愛媛	中央児童相談所	790-0811	松山市本町7-2	089-922-5040
		南予児童相談所	798-0060	宇和島市丸之内3-1-19	0895-22-1245
		東予児童相談所	792-0825	新居浜市星原町14-38	0897-43-3000
39	高知	中央児童相談所	781-5102	高知市大津甲770-1	088-866-6791
		幡多児童相談所	787-0050	四万十市渡川1-6-21	0880-37-3159
40	福岡	福岡児童相談所	816-0804	春日市原町3-1-7	092-586-0023
		久留米児童相談所	830-0047	久留米市津福本町281	0942-32-4458
		田川児童相談所	826-0041	田川市大字弓削田188	0947-42-0499
		大牟田児童相談所	836-0027	大牟田市西浜田町4-1	0944-54-2344
		宗像児童相談所	811-3436	宗像市東郷5-5-3	0940-37-3255
		京築児童相談所	828-0021	豊前市大字八屋2007-1	0979-84-0407
41	佐賀	中央児童相談所	840-0851	佐賀市天祐1-8-5	0952-26-1212
		唐津分室	847-0012	唐津市大名小路3-1	0955-73-1141
42	長崎	長崎こども・女性・障害者支援センター	852-8114	長崎市橋口町10-22	095-844-6166
		佐世保こども・女性・障害者支援センター	857-0034	佐世保市万徳町10-3	0956-24-5080
43	熊本	中央児童相談所	861-8039	熊本市東区長嶺南2-3-3	096-381-4451
		八代児童相談所	866-8555	八代市西片町1660	0965-33-3247
44	大分	中央児童相談所	870-0889	大分市佐賀5丁目	097-544-2016
		中津児童相談所	871-0024	中津市中央町1-10-22	0979-22-2025
45	宮崎	中央児童相談所	880-0032	宮崎市霧島1-1-2	0985-26-1551
		都城児童相談所	885-0017	都城市年見町14-1-1	0986-22-4294
		延岡児童相談所	882-0803	延岡市大貫町1-2845	0982-35-1700
46	鹿児島	中央児童相談所	891-0175	鹿児島市桜ヶ丘6-12	099-264-3003
		大島児童相談所	894-0012	奄美市名瀬小俣町20-2	0997-53-6070
		大隅児童相談所	893-0011	鹿屋市打馬2-16-6	0994-43-7011
47	沖縄	中央児童相談所	903-0804	那覇市首里石嶺町4-404-2	098-886-2900

147

第5章　未成年後見業務の関連知識

		八重山分室	907-0002	石垣市真栄里438-1（八重山福祉保健所内）	0980-88-7801
		コザ児童相談所	904-2143	沖縄市知花6-34-6	098-937-0859
48	札幌市	札幌市児童相談所	060-0007	札幌市中央区北7条西26	011-622-8630
49	仙台市	仙台市児童相談所	981-0908	仙台市青葉区東照宮1-18-1	022-219-5111
50	さいたま市	さいたま市児童相談所	338-8686	さいたま市中央区下落合5-6-11	048-840-6107
51	千葉市	千葉市児童相談所	261-0003	千葉市美浜区高浜3-2-3	043-277-8880
52	横浜市	中央児童相談所	232-0024	横浜市南区浦舟町3-44-2	045-260-6510
		西部児童相談所	240-0001	横浜市保土ケ谷区川辺町5-10	045-331-5471
		南部児童相談所	235-0045	横浜市磯子区洋光台3-18-29	045-831-4735
		北部児童相談所	224-0032	横浜市都筑区茅ヶ崎中央32-1	045-948-2441
53	川崎市	こども家庭センター	212-0058	川崎市幸区鹿島田1-21-9	044-542-1234
		中部児童相談所	213-0013	川崎市高津区末長1-3-9	044-877-8111
		北部児童相談所	214-0038	川崎市多摩区生田7-16-2	044-931-4300
54	相模原市	相模原市児童相談所	252-0206	相模原市中央区淵野辺2-7-2	042-730-3500
55	横須賀市	横須賀市児童相談所	238-8525	横須賀市小川町16	046-820-2323
56	新潟市	新潟市児童相談所	951-8133	新潟市中央区川岸町1-57-1	025-230-7777
57	金沢市	金沢市児童相談所	921-8171	金沢市富樫3-10-1	076-243-4158
58	静岡市	静岡市児童相談所	420-0947	静岡市葵区堤町914-417	054-275-2871
59	浜松市	浜松市児童相談所	430-0929	浜松市中区中央1-12-1	053-457-2703
60	名古屋市	名古屋市中央児童相談所	466-0858	名古屋市昭和区折戸町4-16	052-757-6111
		名古屋市西部児童相談所	454-0875	名古屋市中川区小城町1-1-20	052-365-3231
61	京都市	京都市児童相談所	602-8155	京都市上京区竹屋町通千本東入主税町910-25	075-801-2929
		京都市第二児童相談所	612-8434	京都市伏見区深草加賀屋敷町24-26	075-612-2727
62	大阪市	大阪市こども相談センター	540-0003	大阪市中央区森ノ宮中央1-17-5	06-4301-3100
63	堺市	堺市子ども相談所	590-0808	堺市堺区旭ヶ丘中町4-3-1（堺市立健康福祉プラザ3階）	072-245-9197
64	神戸市	こども家庭センター	650-0044	神戸市中央区東川崎町1-3-1	078-382-2525
65	岡山市	岡山市こども総合相談所	700-8546	岡山市北区鹿田町1-1-1	086-803-2525
66	広島市	広島市児童相談所	732-0052	広島市東区光町2-15-55	082-263-0694
67	北九州市	子ども総合センター	804-0067	北九州市戸畑区汐井町1-6	093-881-4556
68	福岡市	こども総合相談センター	810-0065	福岡市中央区地行浜2-1-28	092-832-7100
69	熊本市	熊本市児童相談所	862-0971	熊本市中央区大江5-1-50	096-366-8181

※児童相談所全国共通ダイヤル　0570-064-000
※　　　　　＝一時保護所を設置する児童相談所
※　　　　　＝一時保護所を2カ所設置する児童相談所
※児童相談所数＝207カ所（平成26年4月1日現在）
※一時保護所数＝134カ所（平成26年4月1日現在）

Q29 児童相談所や児童養護施設とは、どのような機関・施設ですか

(2) 児童虐待対応における児童相談所の機能

　児童虐待件数は年々増加しており、児童虐待の定義の明確化、児童虐待の通告義務の範囲拡大、児童の安全確認および確保のための措置や要保護の子どもに関する司法関与の見直しなどの必要性から、平成16年以降、児童虐待防止法および児童福祉法の改正が重ねられています。そして、児童相談に関する体制の充実等を図るため、市民に身近な市町村が子育てに関する児童の一般的な福祉に関する相談を受け、児童相談所は児童に関する相談のうち専門的な知識および技術を必要とするものに応じるようになりました。

　また、児童相談所は市町村相互間の連絡調整を行ったり、市町村に対して情報提供を行ったりするなど、市町村と児童相談所の役割が明確化されています。

　問題の未然防止・早期発見を中心に対応する市町村と、緊急かつ高度な専門性を有する事案に対応する児童相談所とは、対応する内容が異なります。しかし、児童虐待の通告については、児童相談所のみならず、市町村でも窓口となって受け付けています。

〔図2〕 児童相談所における相談活動の体系・展開

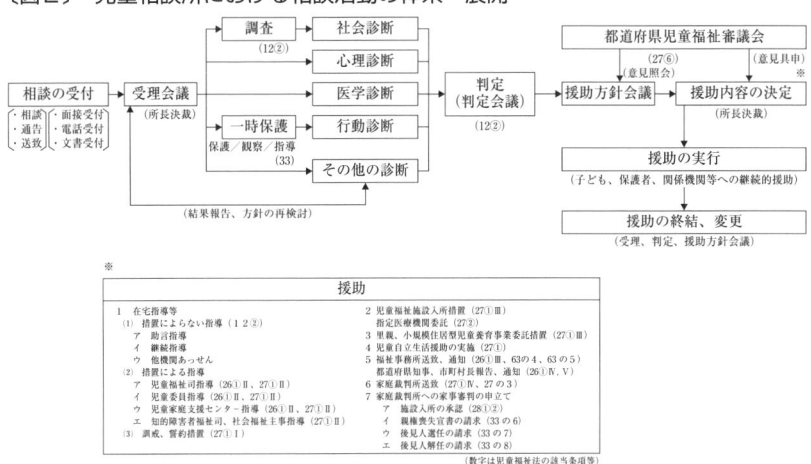

出典：厚生労働省HP「児童相談所の運営指針について：図表」

149

第5章　未成年後見業務の関連知識

　　(ア)　一時保護機能

　児童相談所長は、必要に応じて、子どもを家庭から離し、保護することができます（児福33条1項・2項）。

　　(イ)　措置機能

　都道府県は、子どもや保護者に、訓戒を加え、または誓約書を提出させること（児福27条1項1号）、児童福祉司等に指導させること（同項2号）、そして子どもを里親に委託し、または児童福祉施設等に入所させることができます（同項3号。後記3参照）。

　　(ウ)　親権制限の請求等の機能

　児童相談所長は、親権の停止、喪失もしくは管理権喪失の審判の請求（民834条〜835条、手続39条別表第1・67項）またはこれらの審判の取消しの請求（民836条、手続39条別表1・68項）、未成年後見人の選任および解任の請求（民

〔図3〕　市町村・児童相談所における相談援助活動系統図

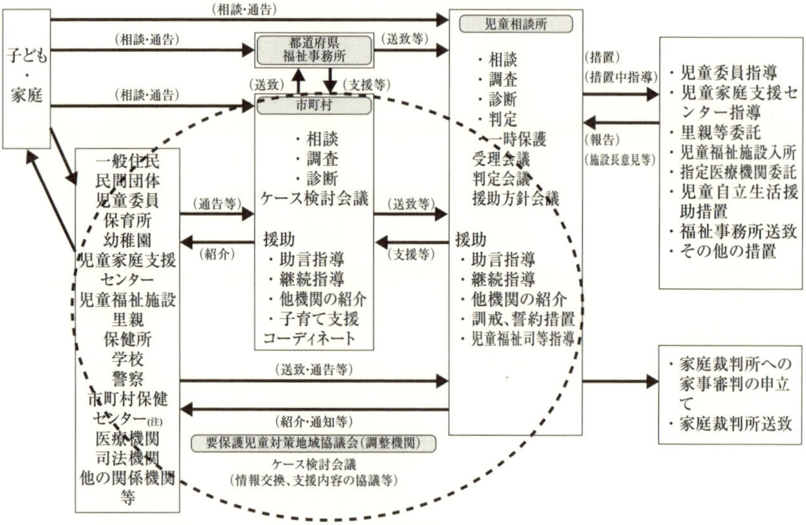

出典：厚生労働省HP「児童相談所の運営指針について：図表」

※市町村保健センターについては、市町村の児童家庭相談の窓口として、一般住民等からの通告等を受け、相談援助業務を実施する場合も想定されます。

Q29 児童相談所や児童養護施設とは、どのような機関・施設ですか

840条1項・2項・846条、手続39条別表第1・71項・73項)、そして、一時保護を加えた児童で親権を行う者または未成年後見人のないものに対し親権代行(親権者や未成年後見人がいる場合でも監護、教育および懲戒に関して必要な措置)をします(児福33条の2・33条の7・33条の8)。

なお、親権の停止や喪失の審判の請求は、児童相談所長や児童福祉施設長の親権代行で対応できないかを検討し、同措置では子どもの福祉が害されると判断された場合に行うことを原則としています(この規定は、「児童相談所運営指針の改正について」(平成24・3・21雇児発0321第2号厚生労働省児童家庭

〈表4〉 児童相談所が受け付ける相談の種類および主な内容

分類	種類	内容
	養護相談	父または母等保護者の家出、失踪、死亡、離婚、入院、稼働および服役等による養育困難児、棄児、迷子、虐待を受けた子ども、親権を喪失した親の子、後見人をもたぬ児童等環境上の問題を有する子ども、養子縁組に関する相談
	保健相談	未熟児、虚弱児、内部機能障害、小児喘息、その他の疾患(精神疾患を含む)等を有する子どもに関する相談
障害相談	肢体不自由相談	肢体不自由児、運動発達の遅れに関する相談
	視聴覚障害相談	盲(弱視を含む)、ろう(難聴を含む)等視聴覚障害児に関する相談
	言語発達障害等相談	構音障害、吃音、失語等音声や言語の機能障害をもつ子ども、言語発達遅滞、学習障害や注意欠陥多動性障害等発達障害を有する子ども等に関する相談(ことばの遅れの原因が知的障害、自閉症、しつけ上の問題等他の相談種別に分類される場合はそれぞれのところに入れる)
	重症心身障害相談	重症心身障害児(者)に関する相談
	知的障害相談	知的障害児に関する相談
	自閉症等相談	自閉症もしくは自閉症同様の症状を呈する子どもに関する相談
非行相談	ぐ犯等相談	虚言癖、浪費癖、家出、浮浪、乱暴、性的逸脱等のぐ犯行為もしくは飲酒、喫煙等の問題行動のある子ども、警察署からぐ犯少年として通告のあった子ども、または触法行為があったと思料されても警察署から児童福祉法25条による通告のない子どもに関する相談
	触法行為等相談	触法行為があったとして警察署から児童福祉法25条による通告のあった子ども、犯罪少年に関して家庭裁判所から送致のあった子どもに関する相談(受け付けた時には通告がなくとも調査の結果、通告が予定されている子どもに関する相談についてもこれに該当する)
育成相談	性格行動相談	子どもの人格の発達上問題となる反抗、友達と遊べない、落ち着きがない、内気、緘黙、不活発、家庭内暴力、生活習慣の著しい逸脱等性格もしくは行動上の問題を有する子どもに関する相談
	不登校相談	学校および幼稚園並びに保育所に在籍中で、登校(園)していない状態にある子どもに関する相談(非行や精神疾患、養護問題が主である場合等にはそれぞれのところに分類する)
	適性相談	進学適性、職業適性、学業不振等に関する相談
	育児・しつけ相談	家庭内における幼児のしつけ、子どもの性教育、遊び等に関する相談
	その他の相談	上記のいずれにも該当しない相談

出典:厚生労働省HP「児童相談所の運営指針について:図表」

局通知）により新設されました）。

　　　(エ)　児童虐待防止法上の機能

　虐待を受けている疑いのある子どもの安全確認・確保のための措置として、出頭要求・立入検査・臨検・捜索をすることができます（児虐8条の2～9条の3）。また、一時保護または児童福祉施設入所等の措置中の子どもについて、虐待を行った保護者に、子どもとの面会や通信をさせた場合に、再び児童虐待が行われるおそれがある場合の面会通信制限をすることができます（児虐12条。児童福祉施設長にも権限があります）。

2　児童養護施設

(1)　児童養護施設の定義と機能

　児童養護施設は、保護者のない児童（乳児を除く。ただし、安定した生活環境の確保その他の理由により特に必要のある場合には、乳児を含む）、虐待されている児童その他環境上養護を要する児童を入所させて、これを養護し、あわせて退所した者に対する相談その他の自立のための援助を行うことを目的とする施設です（児福41条）。

　親の死亡や行方不明、離婚、長期入院、貧困、そして遺棄や養育拒否、虐待・ネグレクトなど、保護者の身体的、経済的、社会的、心理的要因による児童の養育環境が破綻している、児童本人の心身状況から保護者による家庭での養育に限界を来しているなど、保護者・児童の一方または双方の理由がある場合に、生来の家族による養育に代わって子どもを養育することを「社会的養護」と呼びますが、その機能を主として果たしています。

(2)　児童養護施設の小規模化・地域分散化の流れ

　児童養護施設は、「児童養護施設等の小規模化及び家庭的養護の推進について」（平成24・11・30雇児発1130第3号厚生労働省雇用均等・児童家庭局長通達）によると100人以上の児童等が生活する大舎制の大規模施設が7割を占めていることから、家庭的な養護が可能な小規模化および地域分散化を強く

推進することが必要であるとしています。そして、社会的養護の9割が乳児院や児童養護施設で、1割が里親やファミリーホームであることを受け、今後十数年かけて、「里親・ファミリーホーム」「グループホーム」「児童養護施設（小規模）」を同じ割合になるよう変えていく将来像を示しています。

(3) 児童養護施設の長による親権の行使

児童養護施設の長は、入所中の児童等で親権を行う者または未成年後見人のないものに対し、親権を行う者または未成年後見人があるに至るまでの間、親権を行います（児福47条1項）。

児童養護施設の長は、入所中の児童で親権を行う者または未成年後見人のあるものについても、監護、教育、および懲戒に関し、その児童の福祉のため必要な措置をとることができます（児福47条3項）。

3 児童福祉施設等への措置

前記1(2)(イ)の措置をする際の児童相談所と児童福祉施設等との関係は、〔図4〕のとおりです。

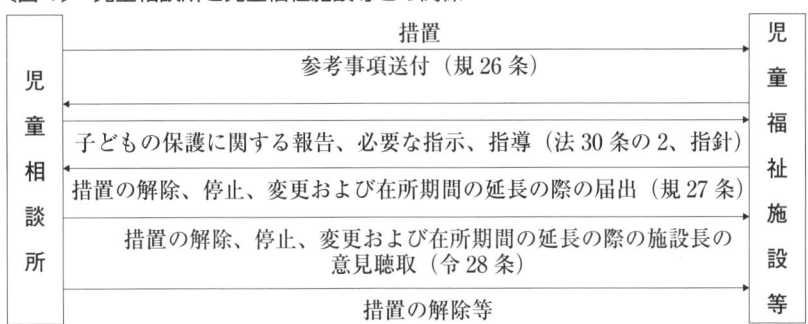

〔図4〕 児童相談所と児童福祉施設等との関係

児童相談所	→ 措置 → 参考事項送付（規26条） ← 子どもの保護に関する報告、必要な指示、指導（法30条の2、指針） ← 措置の解除、停止、変更および在所期間の延長の際の届出（規27条） ← 措置の解除、停止、変更および在所期間の延長の際の施設長の意見聴取（令28条） → 措置の解除等	児童福祉施設等

※参考事項として送付する資料は、児童記録票の概要（調査、診断、判定、一時保護の状況、援助指針等）、健康診断書、転出証明書、母子健康手帳、在学証明書、保険関係書類等です。
※法＝児童福祉法、規＝児童福祉法施行規則、令＝児童福祉法施行令、指針＝児童相談所運営指針について

出典：厚生労働省HP「児童相談所の運営指針について：図表」

第5章　未成年後見業務の関連知識

Q30　里親制度やファミリーホームとは、どのような制度・事業ですか

> 里親、ファミリーホーム（小規模住居型児童養育事業）は、要保護児童等に対し、家庭的な養護を行うことによって、子どもの健全な育成を図る制度・事業です。

1　里親制度

(1)　定　義

里親制度とは、何らかの事情により家庭での養育が困難または受けられなくなった子どもなどに、温かい愛情と正しい理解をもった家庭環境の下で養育を提供する制度です。家庭での生活を通じて、子どもが成長するうえで極めて重要な特定の大人との愛着関係の中で養育を行うことにより、子どもの健全な育成を図る有意義な制度です。

(2)　種　類

里親の種類は、次の(ｱ)〜(ｴ)の四つに分けられます（児福6条の4）。平成20年の児童福祉法改正で、「養育里親」が「養子縁組を希望する里親」等と法律上区分されました（〔図5〕参照）。

　　　(ｱ)　養育里親

養子縁組を目的とせずに、要保護児童（保護者のいない児童または保護者に監護させることが不適切であると認められる児童）を養育する里親のことをいいます（児福6条の4第2項）。

養育里親を希望する者は、事前に研修を受けて登録をします（児福6条の4第2項、児童福祉法施行規則1条の35第3号）。この登録の有効期間は5年間

〔図5〕 里親の種類

種類	対象児童
養育里親	要保護児童（保護者のいない児童または保護者に監護させることが不適切であると認められる児童）
専門里親	次に揚げる要保護児童のうち、都道府県知事がその養育に関し特に支援が必要と認めたもの ① 児童虐待等の行為により心身に有害な影響を受けた児童 ② 非行等の問題を有する児童 ③ 身体障害、知的障害または精神障害がある児童
養子縁組を希望する里親	要保護児童（保護者のいない児童または保護者に監護させることが不適切であると認められる児童）
親族里親	次の要件に該当する要保護児童 ① 当該親族里親に扶養義務のある児童 ② 児童の両親その他当該児童を現に監護する者が死亡、行方不明、拘禁、入院等の状態となったことにより、これらの者により、養育が期待できないこと

で、更新研修を受ける必要があります（同規則36条の45・36条の46）。

　また、委託できる児童は4人までで、実子等を含めて6人までとなります。

　(イ) 専門里親

　児童虐待等の行為により心身に有害な影響を受けた児童、非行等の問題を有する児童、および身体障害または精神障害がある児童など、一定の専門的ケアを必要とする児童を養育する里親のことをいいます（児福6条の4第2項、児童福祉法施行規則1条の36）。実家庭への家庭復帰や家族再統合、自立支援を目的としています。

　専門里親は、養育里親よりも難しい養育であるので、専門的な研修を受けることが必要です。専門里親に委託できる児童の数は2人までで、委託期間は2年となります。必要に応じて、委託期間の延長が認められます。専門里親の登録の有効期間は2年で、更新研修を受ける必要があります（児童福祉法施行規則36条の45・36条の46）。

(ウ)　養子縁組を希望する里親

　養子縁組を前提として、家庭での養育が困難で実親が親権を放棄する意思が明確な場合の里親のことをいいます（児福6条の4第1項、児童福祉法施行規則1条の33第2項1号）。

　(エ)　親族里親

　児童の両親その他当該児童を現に監護する者が死亡、入院、行方不明等の状態により、これらの者による養育が期待できない要保護児童について、その里親となる者に扶養義務のある場合の里親のことをいいます（児福6条の4第1項、児童福祉法施行規則1条の33第2項2号）。

(3)　里親に支給される手当等

　里親には、次の(ア)～(ウ)の手当等が支給されます。平成20年の児童福祉法改正により、平成21年度から、養育里親・専門里親の里親手当が倍額に引き上げられました。

　(ア)　里親手当

　養育里親に対しては月額7万2000円（2人目以降3万6000円加算）、専門里親には月額12万3000円（2人目以降8万7000円加算）が支給されます。なお、親族里親のうち、叔父叔母など扶養義務のない親族については、養育里親と同様に里親手当が支給されます。

　(イ)　一般生活費

　食費や被服費などとして、乳児には5万4980円、乳児以外には4万7680円が支給されます。

　(ウ)　その他の費用

　教科書代や通学費、進学支度金、医療費などの実費が支給されます。

2　ファミリーホーム

　小規模住居型児童養育事業は、家庭的養護を促進するため、要保護児童に対して、この事業を行う住居（ファミリーホーム）において、児童間の相互

Q30 里親制度やファミリーホームとは、どのような制度・事業ですか

活動を活かしつつ、児童の自主性を尊重し、基本的な生活習慣を確立するとともに、豊かな人間性および社会性を養い、児童の自立を支援することを目的としています（児福6条の3第8項）。ファミリーホームの委託児童の定員は5人または6人とされています（児童福祉法施行規則1条の19）。

ファミリーホームの職員については、原則2人の養育者および1人以上の補助者をおかなければならず、この2人の養育者は一つの家族を構成しているもの（通常夫婦であるもの）とされています（児童福祉法施行規則1条の14第1項・2項）。また、養育者となることができるものは「養育里親として2年以上同時に2人以上の委託児童の養育の経験を有する者」「養育里親として5年以上登録し、かつ、通算して5人以上の委託児童の養育の経験を有する者」などの要件を備えていなければならず（同規則1条の31）、また、定期的に研修を受けなければなりません（同規則1条の10）。

3　養育者の権利義務

親権については、親権を行う者または未成年後見人があるに至るまでの間、児童相談所長、児童福祉施設の長が親権を行います（児福47条1項・2項。本章Q29参照）。また、児童福祉施設の長、里親、ファミリーホームの養育者は、受託中の児童で親権を行う者または未成年後見人のある場合であっても、監護、教育、および懲戒に関し、その児童の福祉のため必要な措置をとることができます（同条3項）。

ただし、子どもの最善の利益を図るためには、里親として守らなければならない基準（里親が行う養育に関する最低基準。以下、「基準」といいます）があります（児福45条の2）。主な内容は、次の①～⑨のとおりです。

① 　虐待等の禁止（基準6条）　　子どもに対し、児童虐待その他子どもの心身に有害な影響を与える行為をしてはなりません。

② 　養育の一般原則（基準4条）　　子どもの自主性を尊重し、基本的生活習慣を確立するとともに、豊かな人間性と社会性を養うことが必要で

す。そのために里親は研修を受けて、資質向上に努めなければなりません。

③ 健康管理等（基準8条）　健康の状況に注意し、必要に応じて健康保持のための適切な措置をとらなければなりません。日常生活における食事についての正しい理解と習慣を養う必要があります。

④ 自立支援計画の遵守（基準10条）　児童相談所が作成した自立支援計画に従って、子どもを養育しなければなりません。

⑤ 秘密の保持（基準11条）　正当な理由なく、子どもやその家族の秘密を漏らしてはいけません。

⑥ 記録の整備（基準12条）　委託されている子どもの養育の状況に関する記録を整備しなければなりません。

⑦ 苦情等への配慮（基準13条）　委託されている子どもからの苦情やその他の意思表示に対し、迅速・適切に対応しなければなりません。

⑧ 都道府県知事への報告（基準14条）　都道府県知事からの求めに応じ、委託されている子どもの心身の状況、養育の状況等を定期的に報告しなければなりません。

⑨ 関係機関との連携（基準15条）　児童相談所、学校等の関係機関と連携を密にして、子どもを養育していかなければなりません。

Q31 後見制度支援信託について教えてください

　後見制度支援信託とは、成年被後見人並びに未成年者の財産を保護するための方策として導入されたもので、未成年者の財産のうち、日常に必要な一定の金銭だけを親族後見人が管理し、その他の預貯金は信託銀行等に信託し、払戻しや解約等については家庭裁判所の指示を必要とするしくみです。民法や家事事件手続法に根拠規定があるわけではなく、各家庭裁判所の監督権限により運用されています。専門職後見人は、信託利用に適しているかどうかの検討をして、実際に信託契約を締結するために選任されます。

1　未成年後見における後見制度支援信託の利用

　親族後見人が財産管理を行っている場合に、管理財産が高額となった際には家庭裁判所は、本人の財産保護のために、専門職後見人を複数後見として選任し財産管理をさせるか、後見監督人を選任し監督させるといった専門職が継続して関与していく方法による方策しかなかったところ、その選択肢の一つとして後見制度支援信託が導入されました。東日本大震災で、死亡した親の生命保険金や義援金、奨学金等で高額財産を保有する遺児が多数存在することになり、被災地においては、有効な本人財産の保護策として期待されることになりました。

　未成年後見の親族後見人は、ほとんどの場合に未成年者を養育しており、そこに専門職の関与を望まない場合も多いのですが、しっかり財産管理ができている親族後見人にとっても、高額財産の管理という負担が減ることで、養育に専念することも可能になります。

2　信託契約締結までの流れ

(1)　家庭裁判所による専門職後見人の選任、検討の指示

　後見制度支援信託は、家庭裁判所主導でスタートします。家庭裁判所は一定額以上（金額については地域差がありますので、各家庭裁判所により基準が異なります）の流動資産が存在する事案において、後見制度支援信託の利用が適しているかどうかを検討させるために、専門職後見人を選任し、検討を指示します。

(2)　専門職後見人による財産調査・面談

　選任された専門職後見人は、選任後の財産調査や親族後見人との面談の中で後見制度支援信託の利用の適否を判断します。具体的な判断のために、家庭裁判所が作成したチェックシートがありますので（【書式13】参照）、それに従って検討していくことになりますが、信託契約後には親族後見人が財産管理を行うことになりますので、その親族後見人が適任かどうかが大きなポイントになります。遺産分割や保険金受領等が控えている場合は、そのような懸案事項が落ち着いてから信託するという判断も必要です。

　また、親族後見人には家庭裁判所から信託制度についての説明がなされているはずですが、しっかり理解されていないこともありますので、信託銀行等の選択等含めて、制度の説明に努めることも大切です。

(3)　信託利用に適していると判断した場合

　　㋐　本人の収支予定

　信託利用に適していると判断した場合は、信託する金額の設定と、定期金交付の有無とその金額を設定するために、本人の収支予定を立てなければなりませんが、未成年者の場合、成長の過程における選択肢によって必要となる金額が変わってくることがあります。たとえば、高校・大学等に進学する際に、学校選択や学校の場所によっては居住地選択も必要となり、その際の必要資金が読めないこともあります。そういった予測が立てられない場合

は、そのたびに、解約や定期交付金の金額変更等、家庭裁判所に相談してもらい、指示書を発行してもらうことで、契約内容が変更できることをあらかじめ説明し、当面の収支予定に従って金額の設定をすることになります。

　㈰　信託銀行等の選択

　信託銀行等の選択については、後見制度支援信託の利用が可能な信託銀行が限られていますので、その中から選択することになりますが、最低受託金額や管理報酬の有無などに違いがあるので、そのような条件を考慮しながら選択します。

　また、ペイオフ対策として、複数行に信託するということも考えられますが、今後、後見制度支援信託の利用ができない金融機関を含め、利便性が向上することを期待したいところです。

　㈱　信託する金額

　信託する金額については、流動資産全部を信託するのではなく、日常本人が支払いを必要とする生活費等については、親族後見人が管理をすることになります。どの程度の金額が必要かは個人差がありますので、一概にはいえませんが、進学等を控えている場合には多少多くなるかもしれませんし、そもそも、近いうちに大きな支出が予定される、継続して大きな支出を必要とする場合等は、信託の利用そのものが難しいということになります。遺族年金や奨学金等が定期的に入金される予定がある場合は、その預金通帳を親族後見人が使用管理する通帳として残し、他の口座や定期預金等は解約することになります。

　また、年々、預金残高が増え続けていく予定がある場合は、一定時期に追加信託を検討する必要があることを家庭裁判所にも報告し、親族後見人にもその旨説明する必要があります。

　未成年者の年間収支が赤字になる場合には、定期的に一定の金銭を親族後見人が管理する預金口座に送金される、定期交付金の設定をすることができます。定期交付金が必要な場合は、その送金時期と金額を親族後見人と相談

して判断することになります。

　　　㈡　家庭裁判所・信託銀行の手続
　前記のとおり検討した結果を、報告書として家庭裁判所に提出します。
　家庭裁判所は、その報告書を検討し、信託利用が相当であると判断した場合に指示書を発行しなければなりません。
　信託銀行の多くは、郵送で書類のやりとりをすることになります。契約の申込み後、信託金額を振り込むと、その後契約書類や通帳が送られてきます。

　(4)　信託利用に適さないと判断した場合
　一方、信託利用に適さないと判断した場合は、その理由等を記載して報告書を提出します。親族後見人のほうから、一人では自信がないからと、専門職の継続的な関与を希望することもありますし、遺産分割が長引く、あるいは将来的に住宅の再建が必要などの理由で適さないと判断されたケースもあります。

3　専門職後見人の辞任と親族後見人への引き継ぎ

　信託契約の締結後は、家庭裁判所にその旨の報告をします。契約書や通帳の写し等を添付して、専門職後見人は家庭裁判所に報酬付与の審判の申立て（民862条、手続39条別表第1・80項）をすると同時に、辞任の許可の審判を申し立てます（民844条、手続39条別表第1・72項）。
　辞任許可の審判後、通帳等を親族後見人に引き継ぎますが、信託銀行等には新たに未成年後見人の届出をしてもらわなければなりませんので、その旨の説明が必要です。親族後見人への引き継ぎが終了したら、その旨を家庭裁判所に報告して業務は終了です。
　未成年後見人の辞任については、家庭裁判所書記官の嘱託により、戸籍に記載されます（第3章Q4の〈表2〉参照）。

【書式13】 後見制度支援信託利用適否のためのチェックシート

後見制度支援信託利用適否のためのチェックシート

☐ 本人の財産が少なく、収支も赤字である等、費用対効果の観点から信託の利用が困難である。
☐ 本人の財産に株式等の信託できない財産が多く含まれている。
☐ 本人の身上に対する配慮の面（生活状況等）に照らし、収支予定を立てることが困難である。
☐ 説明を受けてもなお、親族後見人が合理的な理由なく後見制度支援信託の利用に反対している。
　（反対の理由：　　　　　　　　　　　　　　　　　　　　　　　　　）
☐ 財産管理又は身上監護をめぐり、親族間に紛争がある。
☐ 財産管理の内容が複雑で収支の変動幅が大きく、将来の収支計画を立てることができない。
☐ 訴訟その他専門的知見を要するなど、親族後見に適さない事情がある。
　（事情：　　　　　　　　　　　　　　　　　　　　　　　　　　　　）
☐ 親族後見人に、本人の十分な身上監護が期待できない事情がある。
　（事情：　　　　　　　　　　　　　　　　　　　　　　　　　　　　）
☐ 親族後見人に後見人としての適格性を欠く事情がある。
☐ 本人の財産を無断で消費した事実がある。
☐ 本人に対する身体的又は経済的虐待の事実がある。
☐ 過去本人との間で紛争があった。
☐ 過去に自己破産、債務整理等を行った事実がある。
☐ 生活面で自立できていない。
☐ 後見事務遂行に関する能力に疑義がある。
☐ 本人との関係が疎遠である。
☐ その他
　（事情：　　　　　　　　　　　　　　　　　　　　　　　　　　　　）
　（注）　本人が後見制度支援信託の利用に反対していることをあげる場合は、本人が正常な判断能力を有する状態で、かつ、合理的な理由に基づいて反対の意思を表明した事情を裏付け資料とともに示すこと。
☐ 以上のいずれにも該当しない。

第5章　未成年後見業務の関連知識

Q32　未成年後見人支援事業について教えてください

> 未成年後見人支援事業は、厚生労働省の児童虐待防止対策支援事業の一環として立ち上げられた事業です。
> この事業については、各自治体が未成年後見人の報酬等を支援することで、未成年後見人の確保を図るとともに、児童等の生活の支援や福祉の向上に資することを目的としています。各自治体はこの目的を図れるよう要綱を定め、事業の実施をするものとされています。

1　実施主体

未成年後見人支援事業の実施主体は、都道府県（指定都市、児童相談所設置市を含む）となります（児童虐待防止対策支援事業実施要綱（以下、「要綱」といいます）第2）。

2　事業内容

未成年後見人支援事業の内容は、次の(1)(2)です（要綱第3・9(2)。〔図6〕参照）。

　(1)　未成年後見人の報酬の全部、または一部を補助する事業

未成年後見人が家庭裁判所に対して報酬付与の審判の申立てをし（民862条、手続39条別表第1・80項）、この報酬額に対して月額2万円の範囲内で補助する事業です（要綱第3・9(2)①、(4)）。

164

Q32 未成年後見人支援事業について教えてください

(2) 未成年後見人および未成年者が加入する損害賠償保険料を補助する事業

児童相談所が必要と認め、家庭裁判所より選任された未成年後見人および未成年者が加入する損害賠償保険料を補助する事業であり、この保険事業の運営主体は、公益社団法人日本社会福祉士会とされています（要綱第3・9(2)②、(5)）。

〔図6〕 未成年後見人支援事業のスキーム

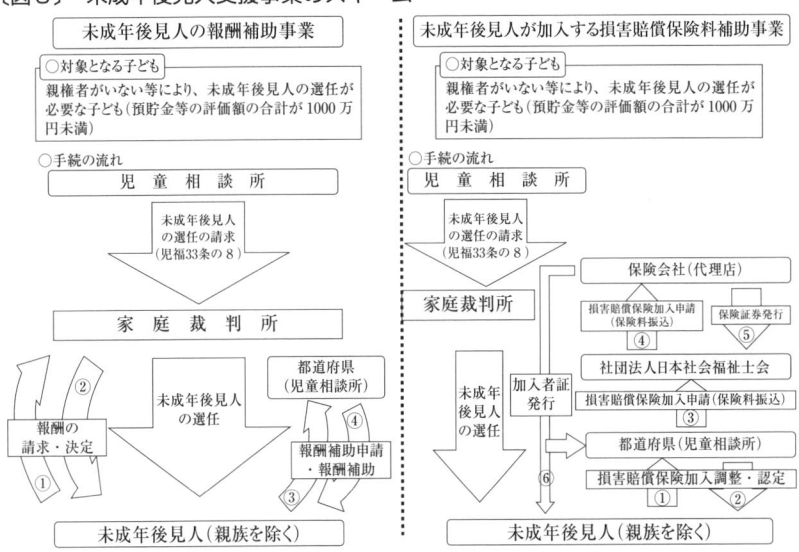

出典：厚生労働省「平成23年度全国児童相談所長会議資料」8頁

3 補助対象者の要件――対象となる未成年後見人

未成年後見人支援事業の対象となる者は、児童福祉法33条の8の規定により児童相談所長が家庭裁判所に対して未成年後見人の選任の請求を行い、家庭裁判所より未成年後見人として選任された者で、次の①②に掲げる事項を満たした者としています（要綱第3・9(3)）。

① 未成年者の預貯金、有価証券等および不動産の評価額の合計が、1000万円未満であること（要綱第3・9⑶①ア）
② 家庭裁判所より未成年後見人として選任された者が、未成年者の親族以外の者であること（要綱第3・9⑶①イ）

ただし、児童福祉法27条1項3号の規定により措置・委託されている未成年者であって、その未成年者が入所している施設の法人職員または委託されている里親が未成年後見人となった場合は対象としません。

対象となる未成年後見人は、児童相談所長が家庭裁判所に申立てをし、資力の乏しい未成年者のために親族でない第三者が選任された場合です。措置により児童養護施設や里親の元で生活をすることとなった未成年者に対し、施設の長や職員、里親が未成年後見人に選任された場合は、親族でない第三者であっても補助の対象となりません。

資力の乏しい未成年者に対して未成年後見人が必要となるケースは、児童相談所長が申立てをするケースのみではないと思われ、児童の福祉の向上に資する目的を果たす未成年後見人の確保を図るためには、対象者の要件を緩和する必要があると思われます。

同様の制度で、高齢者に対する成年後見制度利用支援制度で、厚生労働省は、成年後見制度利用支援事業に関する照会についてでは、成年後見制度利用支援事業の補助の対象は、市町村長申立てのみではなく、本人申立て、親族申立てについても補助の対象になりうると回答しています。

4　対象期間

未成年後見人支援事業の事業の対象期間は、原則、未成年者が20歳に到達する日の前日までとされています（要綱第3・9⑶②）。なお、児童相談所長は1年に1回以上、未成年者、未成年後見人の状況を確認することとなっています。

5　申請方法等

(1)　報酬補助の申請

　各都道府県（指定都市、児童相談所設置市を含む）は、未成年後見人支援事業の報酬申請について詳細を定めるものとされていますので、それに従い未成年後見人は、未成年者の資産状況等必要書類を添えて、児童相談所へ申請します。

　報酬額は、1人あたり年額24万円（月額2万円）の範囲内で各都道府県（指定都市、児童相談所設置市を含む）が定めています（要綱第3・9(4)③）。

(2)　損害賠償保険料

　未成年後見人および未成年者が加入する損害賠償保険料は、公益社団法人日本社会福祉士会の請求に基づき、都道府県（指定都市、児童相談所設置市を含む）が支払います（要綱第3・9(5)）。

6　保険金の請求

　損害が生じ、保険金を請求する場合は、速やかに児童相談所長を通じて、事故報告書を添付して請求します。

7　身元保証人確保対策事業

　施設等を退所した未成年者等に対する就職や、アパート等を賃借する際、施設長等が身元保証人となった場合の損害保険契約については、身元保証人確保対策事業を活用します（要綱第3・9(5)④）。

8　児童虐待防止対策研修事業

　児童虐待防止対策支援事業の一つである児童虐待防止対策研修事業では、平成24年4月より、新たに未成年後見人の対象となる法人等に対し、未成年後見人制度等の研修を実施する事業が組み込まれました。

第5章　未成年後見業務の関連知識

Q33　児童手当の取扱いについて教えてください

> 児童手当は、父母その他の保護者が、子育てについての第一義的責任を有するという基本的認識のもとに、児童を養育している者に児童手当を支給することにより、家庭等における生活の安定に寄与するとともに、次代の社会を担う児童の健やかな成長に資することを目的としています（手当1条）。
>
> 児童手当は、児童を養育している保護者に対して、家庭等の生活の安定に寄与し、児童の健やかな成長に資するよう市区町村（公務員については所属庁）から支給される手当のことです。
>
> 児童手当の支給を受けた者は、児童手当が法律の目的を達成するために支給されるものである趣旨に鑑み、これをその趣旨に従って用いなければなりません（手当2条）。

1　支給対象

児童手当は、中学校修了までの国内に住所を有する児童（15歳に到達後の最初の3月31日まで）に対して支給されます（手当4条）。

2　手当額および支給月

(1)　手当額

所得制限未満（夫婦と児童2人の年収ベースで960万円未満）の世帯への手当額は、①0歳～3歳未満は一律1万5000円、②3歳～小学校修了までは第1子・第2子1万円、第3子以降1万5000円、③中学生は一律1万円です（手当6条）。

所得制限以上の世帯への手当額は、一律5000円（当分の間の特例給付）です。

(2)　支給月

児童手当の支給月は、毎年2月、6月、10月（それぞれ前月までの4カ月分を支給）です（手当8条）。

3　手当を受ける者

児童手当は、児童本人に支給されるものではなく、児童を監護し、生計を同じくする者に支給されます（手当4条1項1号～3号）。

また、児童が施設等に入所している場合は、施設等の設置者に支給されます（手当4条1項4号）。施設等とは、次の①～⑦の施設です（手当3条3項）。

① 小規模住居型児童養育事業を行う者、里親（児福27条1項3号）
② 障害児入所施設（児福24条の2第1項または27条1項3号）
③ 乳児院、児童養護施設、情緒障害児短期治療施設、児童自立支援施設（同条1項3号または27条の2第1項）
④ 障害者支援施設、のぞみ園（障害29条1項または30条1項、身体障害18条2項、知的障害16条1項2号）
⑤ 救護施設、更生施設（生保30条1項ただし書）
⑥ 指定医療機関（児福27条2項）
⑦ 婦人保護施設（売春防止法等に基づく入所）

4　施設等に入所している児童の児童手当

(1)　施設等による児童手当の管理

施設等に入所している児童の場合、施設長等が児童手当の認定の申請をし、児童手当を受給することとなります（手当7条2項）。

施設等は、受給した児童手当を、他の財産と区別して管理することとなっています。原則として、それぞれの児童名義の口座がつくられ、その口座で

第5章　未成年後見業務の関連知識

管理されることとなります。

　施設等に支給された児童手当は、法律の目的にしたがって用いなければならないため、措置費の対象経費となっている費用については、児童手当からの支出を行うことは適当ではないとされています。

　施設等は、受給した児童手当を児童の口座に預け入れる際は、原則として民法830条1項の規定による意思表示を行うこととなっています。これは、児童に贈与した児童手当の管理を、親権者や未成年後見人に代わって施設等の設置者が行うことにする意思表示です。

　親権を行う父母に意思表示を行うことが望ましくない場合を除いて、親権者や未成年後見人に対して書面で行われることとなっています。

(2)　施設等が管理している児童手当に関する関与

　未成年後見人は、財産管理として、施設等が児童手当用に開設した銀行口座に児童手当が入金され、適切に管理されていることの確認をし、定期的に家庭裁判所に提出される財産目録に記載し報告する必要があります。児童のために施設等に支給され、民法830条1項による意思表示はされているものの、児童の財産であることには変わりないからです。

　未成年後見人は、児童の身上監護として、児童手当法の目的に応じた財産の利用については、児童の法定代理人として、児童手当を管理している施設等に対して児童手当からの支出を求めることができます。

　施設等に対して児童手当の支出を求める場合は、使用する用件、金額、児童への影響等を事前に施設等と話し合い、児童に対して最善の方法で使用すべきです。

Q34　医療ネグレクトにより児童の生命・身体に重大な影響がある場合の対応について教えてください

> 親権者による医療ネグレクトから未成年者を保護するために、厚生労働省では、医療ネグレクトの対応について基本方針を示しています。

　平成23年の民法等改正において新設された親権停止は、親権を一時的に停止し、親権者と子の関係改善を図ることを目的としています（民834条の2）。

　これに伴い、厚生労働省では、医療ネグレクトの対応について基本方針（「医療ネグレクトにより児童の生命・身体に重大な影響がある場合の対応について」（平成24・3・9厚生労働省雇用均等・児童家庭局総務課長通知。以下、「基本方針」といいます））を示しています。

　医療同意については、成人の場合、本人に医療同意を得る必要がありますが、同意能力のない年齢の未成年者の場合、親権者に同意をとらなければなりません。

　救急搬送された緊急性の高い場合は、成人の場合と同様、親権者の同意がなくても手術ができる場合もありますが、救急搬送された場合ではなく、緊急性があまり高くないケースなど、親権者が同意を拒否するような場合には、医療行為ができなくなってしまいます。

　このように、医療行為が必要であるのに放置する場合は、医療ネグレクトとして児童虐待防止等の法律が適用され、児童相談所が児童虐待として対応することとなるでしょう。

　基本方針では、前記のような場合、医療機関から通報を受け（児福25条）、親権停止および親権停止を本案とする保全処分を申し立て、未成年後見人の

第5章 未成年後見業務の関連知識

〔図7〕 医療ネグレクトにより児童の生命・身体に重大な影響がある場合の対応の流れ

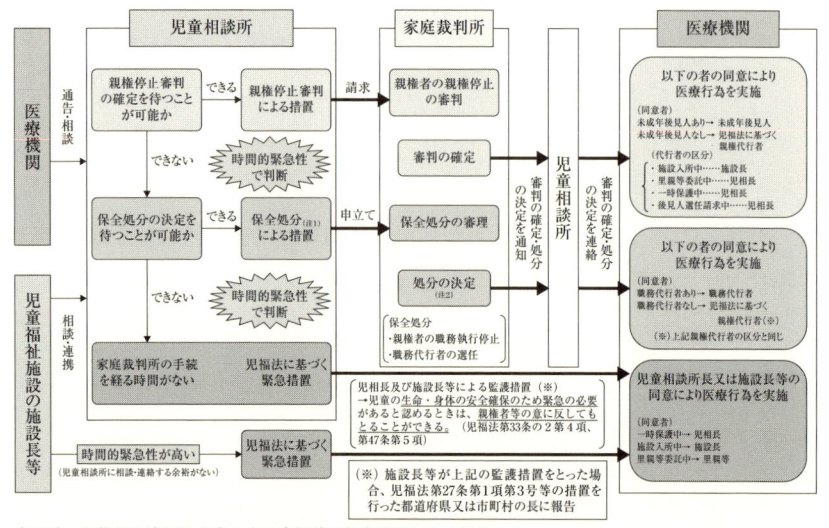

(注1) 親権停止審判を本案とする審判前の保全処分として行う。
(注2) 職務代行者の選任は職務執行停止に加えて必要がある場合に行う。職務代行者の資格に特に定めはなく、弁護士、児相長、医師等が選任されている例がある。

出典：厚生労働省HP「児童虐待に関する法令・指針等一覧」

選任の申立てを並行し（児福33条の8）、未成年後見人より医療同意を受け医療行為を受けるものとしています。

また、未成年者への虐待行為があり、施設入所等した未成年者に対しては、生命または身体の安全を確保するため緊急の必要があると認めるときは、その親権を行う者の意に反しても、児童相談所長や児童養護施設等の施設長は、監護に関し未成年者の福祉のために必要な処置や医療行為の同意をすることができるものとしています（〔図7〕参照）。

172

第6章

〈座談会〉
司法書士と未成年後見業務

第6章 〈座談会〉司法書士と未成年後見業務

〈座談会〉
司法書士と未成年後見業務

●目　次●

1　はじめに　174
2　未成年後見業務と成年後見業務の違い　179
3　未成年後見に特有の業務　181
 (1)　身上監護面の支援　182
 (2)　親族とのかかわり方　184
4　司法書士会の支援体制　185
5　未成年後見業務の報酬　190
6　未成年後見業務の終了に伴う財産の引渡し　192
7　本人の相続　194
8　未成年後見制度の問題点　196
9　司法書士が未成年後見業務にかかわる意義　199

1　はじめに

久保　本日はお集まりいただきまして、誠にありがとうございます。本日は「司法書士と未成年後見業務」と題して座談会を開催します。進行役は、青森県司法書士会の久保と申します。どうぞよろしくお願いします。私は、日司連の子どもの権利擁護委員会に所属し、現在、未成年後見業務について担当しています。

　日司連では、以前から未成年後見業務を扱っている司法書士の支援をどのようにしたらよいのかを検討しております。成年後見業務では、公益社団法

第6章　〈座談会〉司法書士と未成年後見業務

人成年後見センター・リーガルサポート（以下、「LS」といいます）の存在が大きく、成年後見業務のノウハウの蓄積や研修体制が充実しています。全国の司法書士が、初めて成年後見業務を扱う場合には、その支援体制が構築されているのに対して、未成年後見業務はそのような体制が整っていません。全国の司法書士が、何の後ろ盾もないままに未成年後見人となって、必死に子どもたちと向き合っている状況を知り、何かできないかという考えのもと、日司連での支援の検討がスタートしたと聞いています。

　私自身はこれまで2件の未成年後見人になりましたが、その業務を通して、司法書士の通常業務では味わえない、このテーマについて興味をもつようになりました。その後、私の周りでも未成年後見人や未成年後見監督人に就任する司法書士が増えています。日司連では、未成年後見業務に関するアンケートを定期的に実施していますが、未成年後見業務を扱う司法書士の数は確実に増えています。

　しかし、未成年後見制度は、検討すれば検討するほど、未成年後見人の責任の重さ、子どもとの接し方など、非常に難しい業務であり、ただそれに比例するかのようにやりがいのある仕事だとも感じております。

　本日の座談会は、今後この分野の業務を多くの司法書士に担ってもらうことを期待して、現在実際に未成年後見人として業務を行っている方に、未成年後見業務の内容ややりがい、難しさなどをお聞きしたいと考えています。本日はよろしくお願いします。

　それでは、皆様から現在受任している未成年後見業務の概要について、簡単に教えていただければと思います（なお、本座談会では、未成年者や親族・関係者のプライバシーに配慮するため、参加司法書士は匿名とします）。では、Aさんからお願いします。

A氏　私が受任している案件は、本人が16歳のときに受任しました。現在19歳という事例で、本人の祖父・祖母から相談を受けて始めた事案でした。最初から未成年後見ではなくて、当初は祖父・祖母が本人の子の将来を憂え

て、どのように支援したらよいかという漠然とした相談から始まりました。本人には、実父はおらず、実母は今でもいるのですが、本人の幼い頃から事実上育児を放棄しているという状況でしたので、祖父母が実母に代わって本人を監護していました。「どのような方法で、この子の将来の面倒をみていけばよいですか」という相談だったので、まず養子縁組をしたらいかがでしょうかということを言いました。というのは、本人は働けませんから個人的な財産はありませんし、祖父母は高齢ですから亡くなってしまえば本人はすぐ路頭に迷うのです。かつ、実母が存命なので相続もできません。ですから、まず本人と祖父母が養子縁組をして、念のために遺言書をつくってもらえば、祖父母の財産は直接本人に渡るだろうとアドバイスをしました。副次的な効果としては、養子縁組をすると養親の親権に服することになり、その段階で実母の親権は失われますが、実は養子縁組後に、間もなく祖母が亡くなり、祖父に関して財産管理について代理権が付いた保佐開始の申立てを行いました。保佐開始は親権の喪失事由にあたると解されていますので(民838条1号)、その段階で親権者がいなくなったということになり、未成年者本人による未成年後見人選任の申立てをしました。ですから、私が未成年後見人に選任されるもっと前の段階からいろいろと相談を受けて、このようにしたらよいということをいろいろとめぐらせて支援した事案です。

久保 では、候補者をAさんとして、申立てをしたということですか。

A氏 はい。そのとおりです。私の地域の家庭裁判所は、たとえば、相続財産管理人の選任の申立ては、弁護士や司法書士が自らを候補者として申立てをしても選任しないという扱いをしています。ですから未成年後見に関しても、祖父・祖母が亡くなればけっこうなお金が相続されることが想定されましたので、多分私は選任されないと思って申し立てたのですが、家庭裁判所調査官等の調査を経て、私が本人や周りの状況についての理解が進んでいる、本人から信頼されているというような理由からか、そのまま選任されることになりました。

久保 ありがとうございました。では、Bさん、お願いします。

B氏 私は東日本大震災の被災地のある宮城県で開業し、平成11年に司法書士登録をしました。司法書士登録をした直後にLSの設立を経験しましたので、かろうじて設立までの経緯を知っているという程度です。成年後見業務の経験から、平成21年に初めて未成年後見監督人を引き受けることになりました。現在までに未成年後見人6件、未成年後見監督人2件を経験しています。現在活動中は未成年後見人2件、未成年後見監督人1件です。未成年者の年代としては小学生、中学生、高校生、就任時19歳6カ月という未成年者もいます。それから、いわゆる震災孤児の未成年後見人も経験しています。私が経験した震災孤児の未成年後見はすべて後見制度支援信託（第5章Q31参照）利用の審判で、私自身は辞任により終了しています。同じ県で活動する司法書士の中には、後見制度支援信託の利用はせずに、現在も未成年後見人として就任・活動中の方もいます。現在私が就任し活動中の事案は、震災とは関係のない未成年後見人です。

久保 それではBさんが受任されたのは、すべて家庭裁判所からの推薦依頼ということですか。

B氏 そうですね。私が受任したのは、すべて家庭裁判所から推薦依頼のあったものです。

久保 後見制度支援信託を利用した事案と、そうではない未成年後見の事案との違いは何かあるのですか。

B氏 震災孤児の未成年後見について、宮城県の場合、大抵親族後見人がすでに就任していたということがあげられます。それからちょうど平成23年の民法等改正の時期になって、親族後見人に任せていくというやり方ではなくて、ある程度高額な財産をもっている未成年者も多かったので、複数後見の形にして後見制度支援信託を利用していこうというのが大きい流れでした。その中でも信託に適さないケース、財産が複雑で親族後見人に引き継ぐのは抵抗があるようなケース、あるいは親族後見人がいても本人の生活のサポー

トまでは目が向けられないようなケースに関しては、後見制度支援信託を利用せずに、継続して未成年後見人としての活動を求められるということがありました。

久保 ありがとうございます。それでは、最後にＣさんからお願いします。

Ｃ氏 私が経験している未成年後見は、平成23年の民法等改正によって親権停止の規定（民834条の２）が新設された時に、いわゆる医療ネグレクト（第５章Ｑ34参照）で意思能力のない年齢（小学校に上がる前）の子どもについて、児童相談所（第５章Ｑ29参照）が親権停止の審判の申立てをして、それにより親権者がいない状況となり未成年後見人選任の申立てがされて、私が未成年後見人に就任した事案です。未成年後見人になって、医療の同意について病院とやりとりをして手術に関する説明を受けたり、入学手続など小学校とのやりとりをしたりしました。

また、父親が病気でずっと入院していて、家に子どもをおいたまま母親が蒸発してしまった事案では、児童養護施設（第５章Ｑ29参照）に入所していた子が18歳になったので、18歳になった最初の３月に対処しなければならなくなりました。元々何か障害があったというわけではないのですが、知的レベルがあまり高くない子どもだったので、今後いろいろとサポートも必要になりそうだったので、児童養護施設長の申立てによって未成年後見人に就任して、その後、本人が成人してから本人と話し合いをして、本人申立てによって保佐人に就任して支援をしているケースがあります。

未成年後見監督人については、父親が亡くなり、母親が精神上の障害により後見開始となり、祖父が成年後見人となっていましたが、その母親が亡くなり、親権者がいなくなったことと、相続手続をするために祖父が未成年後見人となったケースで、私が未成年後見監督人となりました。大人しい性格の未成年者で、進学等、未成年者および未成年後見人に対するサポートも必要なケースです。

久保 Ｃさんは、未成年後見人、未成年後見監督人を複数経験されているよ

うですが、家庭裁判所からの推薦ですか。それとも持ち込みなのですか。
C氏 未成年後見人は児童相談所からの持ち込み、児童養護施設からの持ち込みです。未成年後見監督人は家庭裁判所からのものです。
久保 各司法書士会からの推薦依頼ということですか。
C氏 推薦依頼ではなく、一本釣りですよね。
久保 では、各司法書士会を通じてではなくて、直接家庭裁判所から依頼がきたということですね。
C氏 はい。身上監護面がかなりのウエイトを占めるということが理由なのだと考えています。

2 未成年後見業務と成年後見業務の違い

久保 皆様から、現在受任している未成年後見業務について紹介していただいたのですが、私たち司法書士は現在数多くの成年後見業務を扱っており、皆様もきっと成年後見業務を経験されていると思います。では、そのような経験から、未成年後見業務と成年後見業務の違いについて、どのようにお考えですか（制度・業務の一般的な違いは第2章Q1・Q2参照）。

A氏 私が扱っている事案は、本人が自分のおかれている状況を非常に冷静に理解していて、ある意味賢い子なのです。ですので、身上監護面の負担はあまりありません。現在、大学生なのですが、高校生の頃から祖父母と離れて一人で暮らしていましたので、いろいろと寂しさなどはあるのかもしれませんが、普段の生活について心配することはありません。そうすると、私としては財産管理や契約行為に力点をおけばよいので、その点では成年後見との違いはあまりありません。もちろん成年後見も身上監護が重要となる事案もありますが、症状が重い成年被後見人は施設に入所してきちんとサービスを受けていれば、身上監護は一応できているのだということになると思います。しかし、未成年の子の場合には、進学に対する悩み、何か買いたいという希望など、日常の細々としたことについて話すことがあるので、会う頻

度は多目に考えています。本人が日常考えている不安なことなどを話してもらって、雑談をする中で少しは解消できればよいというところです。その程度の違いでしょうか。

久保 ありがとうございます。では、Cさんはいかがですか。

C氏 親権停止は2年間の限定的な期間であること（民834条の2第2項）、厚生労働省の医療ネグレクトの対応についての基本方針（第5章Q34参照）によって、意思能力のない子どもに対しての医療同意ができるというスキームが利用できることの2点が、未成年後見業務と成年後見業務の違いといえると思います。

　前者については、2年間の限定的な期間の中で家庭を修復していくことが法律の趣旨に入っていますので、家庭の修復を図っていくということが違いであり、難しい点ではないかとは思います。そのほかには、小学校入学をはじめ、学校との対応というのも入ってきます。義務教育なので学校に行かせる必要があります。ずっと入院しておかないといけない病気や障害がある子を受け入れてくれる学校を見つけて、そこでどういうふうに学んでいくのかというのを学校と協議しながらやっていくというのが、成年後見人の場合にもどこの施設に入るのかというのはあるとは思うのですけど、またそれとは違った面があります。

　児童養護施設や里親制度（第5章Q30参照）を利用するときには、親権代行の枠組みの中で医療についてのいろいろな手続をしていくのですが、そのような施設や制度が利用できない、病院に入院せざるを得ないという子どもの場合には、医療同意の問題を検討する必要があるという点が成年後見との違いですね。

久保 家庭の環境の修復は、どのような機関や施設と連携をとりながら進めていくのですか。

C氏 まずは、児童相談所と連携をとります。その際には、複数後見の形で、私と共に選任された社会福祉士と連携をして、私から連絡をとったほう

がよいのか、社会福祉士から連絡をとったほうがよいのか、どの段階で「このようなことをやっています」という説明をするべきなのかについて話し合って、児童相談所に連絡をするようにしています。

また、両親が親権を停止されている事案では、両親は病院において本人と面会をすることができませんので、病院や児童相談所と連携をとって、どの段階で面会ができるようにしていくのかということを話し合っています。

司法書士である私一人で支援するには肩の荷が重い事案が多いので、社会福祉士と複数で未成年後見人をしているという状況です。

久保 ありがとうございます。では、Bさんからもお願いします。

B氏 私は、未成年後見業務と成年後見業務は、同じところと違うところがあると思います。私が経験しているのは財産管理業務が中心ですので、財産管理という面では成年後見のやり方とほぼ同じと感じています。ただ、財産管理といわれても身上監護のための財産管理という面があると思います。未成年後見の場合は本人が成長していく過程にかかわることになりますので、進学や就職の場面で、本人のためにきちんとお金を使っていくというところが成年後見とは違うかかわり方になると思います。

久保 ありがとうございます。未成年後見は子どもを対象にした業務ということで、20歳になれば一人立ちして生活していくという面もありますので、その点からも成年後見業務とは大きく違うところなのかなと感じました。

3 未成年後見に特有の業務

久保 未成年後見人は、法律上も親権者と同一の権利義務を有する者として親権者と同視できるという点からも、未成年後見業務では、身上監護面が大きな割合を占めるということがいえると思います。子どもの悩みを聞いてあげたり、就職や進学のこと、学校のこと、あとは友人のこともあるかもしれませんが、いろいろとあると思います。皆様が経験した中で、未成年後見業務に特有の経験がありましたら紹介いただきたいと思います。

第6章 〈座談会〉司法書士と未成年後見業務

(1) 身上監護面の支援

A氏 進学をどうするかということがあります。高校2年生の後半から相談に乗って、推薦入試のための論文を添削しました。どれだけ効果があったかはわかりませんが、幸いそれで合格できました。ほかには、高校にあいさつに行ったり、全部は行けませんでしたが進学相談に顔を出したりしました。今現在は大学生ですから、今度は留学したい、別の大学に行ってみたい、専門を変えたい、将来の就職をどうしようかということを話し合っています。

久保 ありがとうございます。私も本人が受験の時には、進学したい大学のパンフレットをいっしょに見ながら、どこがよいだろうかと話をした経験がありますが、そのようなことも未成年後見特有の仕事の一つだと思います。では、Bさんはいかがですか。

B氏 私は親族後見人と複数後見になる場合が多くて、単独の未成年後見人はまだ経験がありません。財産管理に関する活動がほとんどです。親権行使、いわゆる身上監護に関する活動というのはそれほど多くは経験していません。どちらかというと、親族後見人の相談相手として活動することが多いです。たとえば、本人には財産のことも未成年後見人の存在も言わないでほしい、伏せていてほしいと言われることもありますし、まだ本人と会わないでほしいと言われることがあります。ただ、本人の生活状況などを親族後見人から聞いて支援することによって、間接的に本人を支援することができればよいと思っています。同じ県で活動する司法書士の中には、親族後見人といっしょに学校行事に参加したという話も聞いたことがありますが、たまたま私は本人から何か相談されたという経験は今のところはありません。ただ、親族後見人から未成年者の塾や受験、それから就職について相談されることがあります。

また、親族後見人がすでにいて、その親族後見人が本人の財産を使い込んでしまって未成年後見人を交代するということで、別の親族（本人と同居）と私が、複数後見として未成年後見人に就任したケースがありました。本人

は当時高校1年生でしたが、その子に自身の財産内容を公表しました。本人とは、家庭裁判所で後任の未成年後見人として、初めて顔を合わせたということもありましたし、さらに本人は前任の親族後見人が財産を使い込んでしまったこともすでに知っていました。その使い込んだ財産を私が未成年後見人として回収しなければならないことも知っていました。そういう事情がありましたので、後任の親族後見人と本人が生活するお宅にうかがい、親族後見人の了解のもとに本人に通帳を見せるということしました。当然高校1年生ですので、初めて自分の財産内容を知る機会になるのですが、本人には、「あなたは高校生だから、人生経験はまだまだこれからだけども、何も知らない子どもではないし、自分自身のことでもあるのだから、知っておいたほうがいいと思う」と伝えました。さらに、「この財産は親が亡くなったことによって得てしまったお金であって、親が亡くなったことによってもらえるようになったお金なのだから、普通のお金とは意味が違う。だからこそあなたのために大切に使っていかなければならない。この通帳はあなたが成人するまで私が預かっておくが、その後はあなたに返すものだからね」と言って、通帳を実際に見てもらいました。本人には自覚と責任を少しずつ理解してもらえればよいと思っています。そのきっかけになればよいですね。

久保 ありがとうございます。では、Cさん、未成年後見特有の問題に悩んだり、工夫したりした経験があれば紹介いただければと思います。

C氏 私が未成年後見人になっている本人は、障害のある子が通う養護学級で受け入れてもらいました。家族会や学校のイベントなどに行くと、ほかの子どもたちは母親が来て車いすを押しているのですが、なぜ自分だけよく知らないおじさんが来ているのだと泣かれたことがあります。そのあたりがナイーブだったのですね。

また、ずっと病院の中で生活していて幼稚園に行ったことがない子が、学校の勉強についていけないので、放課後にボランティアの大学生に何人か来てもらって、気の合いそうな人に勉強をみてもらえるようにお願いしたこと

があります。

　そのほかには、児童養護施設で生活をしている子に対して、自分自身の生い立ち、今までのいきさつ、自分の親がどうなっているのかを本人にどのように説明すべきかということは悩みます。そのケースでは、児童養護施設は母親の居場所を知らなかったので、私が申立て時に添付するための戸籍などを調べて手紙を送って連絡をとり、母親の様子を本人に伝えました。その子は小学1年生なのですが、なぜ自分のところにはお父さんもお母さんも会いにこないのか、そういうことをどの段階で、どのように説明して、どう理解してもらうのかということは、本人とかかわりながら悩んでいます。

(2) 親族とのかかわり方

久保　すでに話題に出ていますが、親族との関係の重要性について感じるところはありますか。まずBさん、いかがでしょうか。

B氏　信頼できる親族、あるいはいっしょに生活している親族とは、未成年後見人であるかどうかは別として、当然連絡を密にしたほうがよいと思います。私は電子メールでいろいろな連絡をとり合っています。

久保　Aさんは、いかがですか。

A氏　たまたま私が受けている案件は、親族と疎遠なのです。親戚はたくさんいるのですが、あまり付き合いがなかったみたいで、本人と養子縁組した祖父の葬儀に参列して、本人のことが心配だとは言うものの、それ以上関与することはないのです。ですから親族とは、全く無関係といってよい状態です。かかわる親族が今いないという状況なので、将来心配です。

久保　Cさん、いかがですか。

C氏　2年間の親権停止の期間中に、親権を復活させてよいのかどうか、そのために親子関係の修復を図ろうとしていた案件で、いろいろとやりとりをしたのですが、両親が離婚してしまったので、悩んだことがあります。母親は医療ネグレクトで育児放棄をしていたにもかかわらず親権を主張して、生活保護の母子加算を求めていました。生活保護の担当者からも私に、いろい

ろと話を聞かせてほしいといって連絡がきていました。親権を復活したいということであれば、本人のお見舞いをしたり連絡をとりますかと提案すると、それについてはいっさい拒否するという態度だったので、難しいところではあるのです。一方、父親は、離婚したことで考え直したのでしょうか、本人のお見舞いに行きたいという意思表示がありました。そうしているうちに親権停止の2年間が経ったので、親権停止の延長をして、現在、両親の関係の修復を進めているところです。

　また、20歳になって保佐開始の本人申立てをした子の場合は、母親の行方がわからなかったのですが、申立て時の戸籍では生存していたので、文書で連絡をとったところ、「財産はどれぐらいあるのか」と開口一番聞いてきました。「それは全部こちらで管理しますので、見に来るのだったら見に来てもいいですよ」とは言いましたが、全部こちらが管理して、家庭裁判所の監督も受けていることを伝えると、「もうそちらでしてください。連絡もしてこないでください」ということになり、関係が切れてしまいました。

　そのほかに、父親が亡くなって、成年後見人が付いていた母親も亡くなり、祖父が未成年後見人、私が未成年後見監督人になっている子の場合には、希望を聞いていっしょに考えるという対応をし、現在は、月7万円の仕送りで県外の大学に行くために一人暮らしをしています。

久保　地方は特にそうかもしれませんが、20歳を迎えても親族関係は続いていくわけで、親族とは当然縁を切ることはできないし、墓の問題というのもありますね。また、就職の際の身元保証、アパート入居の際の連帯保証人など、親族の協力を得たい場合もあるでしょうから、円満に親族関係を調整できるのであれば、それも未成年後見人の一つの仕事だろうと感じています。

4　司法書士会の支援体制

久保　成年後見業務と異なって、成長過程にある未成年者を対象にした業務ですので、未成年後見業務といっても千差万別であると思います。しかし、

第6章 〈座談会〉司法書士と未成年後見業務

未成年後見業務を行うための基礎的知識についての研修制度は最低限用意しなければならないと考えて、日司連では平成24年から未成年後見業務に特化した研修会を開催して、DVDに収録して各司法書士会に配付するなど、未成年後見業務に関する研修メニューを増やす活動をしています。このような研修制度も含めて、司法書士会として、未成年後見業務を行う司法書士への支援体制はいかにあるべきかというのをお聞きしたいと思います。では、ここはAさんからお願いします。

A氏 この座談会の趣旨には反しているかもしれませんが、今現在以上に特別な支援というのは、私は必要ないと考えています。研修についても、法的な部分に関しては成年後見に関する研修でかなりカバーできると考えます。少し違う点としては、親権者は自己の財産を扱うのと同一義務、未成年後見人は善管注意義務ですよね。それによってもたらされる未成年後見人の責任については、しっかりと整理して知識を得たいと思っていますが、それ以上の何か特別なことはむしろ必要なくて、そこよりも児童相談所などの未成年後見制度の活用が求められるであろう諸機関において、司法書士という資源が使えるということを、社会にうまくアピールできないかと思います。もちろん個人としてもアピールをすればよいでしょうが、司法書士会として、そういったことができるのではないかと思っています。

久保 ありがとうございます。ではBさん、いかがですか。

B氏 司法書士会を含めて、司法書士界全体の役割ということでしゃべりたいと思います。司法書士は成年後見業務に参入して、専門職後見人といわれるようになりましたが、それにはLSの存在が大きかったと思います。LS会員は、LSに報告書を提出して指導監督を受ける、自分たちが自分たちを指導監督するというしくみをつくったので、初めて信頼される専門家になったといっても過言ではないと思います。ですから、成年後見業務はやるけれども、未成年後見業務はやらないということは、司法書士として、もうできないのだと思います。当然大きな流れの中で、未成年後見業務を司法書士に

任せてみようとなるのも、自然な流れだと思います。現実に受任している司法書士は全国にいますが、未成年後見業務に関しては、現状ではLSのような、自分たちが自分たちを指導監督するというしくみができあがっていません。LSの目的範囲外ですし、受任件数も成年後見に比べると数は少ないという面があります。この指導監督の中に支援ということも含まれるのであれば、そのしくみも今のところはないというのが現状です。ですので、司法書士界全体が未成年後見業務に関しても、LSと同じような指導監督、支援をするしくみをつくるというのが、これからは必要になってくるのではないでしょうか。

久保 ありがとうございます。それに関連して、平成23年3月11日に発生した東日本大震災によって、岩手、宮城、福島の被災三県は大きな被害を受けました。その中で、残念ながら両親を亡くした子どもたちのための未成年後見人への就任要請が多くなったと聞き及んでいます。その中で宮城県司法書士会は未成年後見委員会を立ち上げて、未成年後見業務への対応を組織的に行っていると聞いていますが、そのあたりを教えていただきたいと思います。

B氏 私は個人的には本来、LSが、成年後見業務と同様に、未成年後見業務に関してもその役割を担えばよいのではないかと思って、期待していました。ただ、宮城県の場合は、LSの体制づくりを待てないという状況になっていました。当然、家庭裁判所から司法書士に対する期待もありました。具体的に「この時期に○件ぐらいの推薦依頼がいきますよ」と裁判所から言われていたので、「どうしたらいいのか。LSはやってくれない。では、司法書士会がやるしかない、司法書士会がやりましょう」ということで始まったのがきっかけです。当時は、必要に迫られて、そうせざるを得なかったということです。

　初めに、司法書士会で未成年後見ワーキングチームを立ち上げました。未成年後見人候補者名簿を作成して推薦体制をつくること、それから支援も指導監督もすること、それから候補者推薦のためのルールづくりに着手しまし

た。参考にしたのは、もちろんLSのルールでした。その時に、一つの大きな壁がありました。それは各司法書士会が未成年後見人の指導監督を行えるのかどうか、そもそも行ってよいのかという問題です。たとえば、会則の定めにある一般的な会員の指導とは異なって、未成年後見業務の指導監督については、受任事件の報告書提出、通帳の写しの提出を求める以上、やはり特別な高度なルールが必要でした。さらにそのルールをつくるのであれば、万が一事故があったときに、司法書士会が監督責任を追及されることになってもいけないという問題です。また、家庭裁判所から司法書士に対する期待の中には、自分たちが自分たちで監督するというしくみをもっていることがあると思います。それも十分に理解したうえでの悩みでした。結局、新たな規則をつくるのではなくて、事前に未成年後見人候補者名簿登載者から同意書をもらうことで司法書士会が指導監督を行うというしくみをつくりました。つまり、司法書士会は未成年後見人候補者名簿を作成して、さらに司法書士会に候補者推薦依頼がきたときには、司法書士会の指導監督を受けることを前提に、司法書士会に定期的に報告書、通帳の写しを提出することに、あらかじめ同意した未成年後見人候補者名簿登載者を司法書士会が推薦するという方式にしました。未成年後見ワーキングチームは、その後、常設の未成年後見委員会になり、未成年後見人候補者名簿登載のためには一定の研修履修を義務づけ、名簿は外部に非公表としました。推薦する候補者の決定と、それから報告書の精査は未成年後見委員会がその役割を担っています。それから、会員の支援を目的に情報交換会やグループディスカッション形式の研修会なども開催しています。未成年後見人候補者名簿登載者は、名簿登載のための研修履修条件として、未成年後見制度分野、児童福祉分野、財産管理分野、後見制度支援信託分野の4分野、それぞれ2時間、合計8時間の研修履修を名簿登載条件としました。財産管理分野については、成年後見人経験者は省略、後見制度支援信託分野についても経験者は省略という形にしました。

第6章 〈座談会〉司法書士と未成年後見業務

　それから、推薦依頼状況についてですが、東日本大震災以降、平成26年9月までの間で58件の推薦依頼があります。その内訳としては、震災孤児の未成年後見が35件、後見制度支援信託検討案件が17件あります。それから平成25年6月以降は、震災に関連しない未成年後見人候補者の推薦依頼となっており、すでにそれでも10件以上の推薦依頼がきています。

久保　ありがとうございます。必要に迫られて体制づくりをしたということですが、会員に未成年後見業務をやりましょうと呼びかけた時の反応はいかがでしたか。

B氏　LSと家庭裁判所の定期的な意見交換会の中で、この未成年後見に関しても話題が出ました。家庭裁判所にしてみると、LSであろうと司法書士会であろうと関係のないことなので、同じようにしてほしいということでした。われわれ司法書士側の問題として、LSでは受けられないということでしたので、司法書士会で取り組もうということになりました。その家庭裁判所の意見交換会の日に、事務所に戻ってから、何人かの会員に電話をして、協力してくれる会員を集め、大きい打合せ会を開きました。

A氏　まさに司法書士会の監督に服するという点について、同意書をもらう形にするということですが、実際には、未成年後見委員会が提出された書類等を確認しているということですか。

B氏　そうです。

A氏　LSではできないというのは私もよくわかりますが、LSの担当部署は当然司法書士会員なので、そのまま未成年後見委員会とかにスライドすればよいのではないかと思いますが、そうではなくて、電話をかけられて一から集めたということなのですか。

B氏　そうです。未成年後見に協力してもらえそうなLS会員に電話をしました。結局、未成年後見人候補者名簿登載者は、たまたまLS会員の方々でしたので、安心でした。

A氏　なるほど。

5　未成年後見業務の報酬

久保　司法書士は、仕事としてこの未成年後見業務を行うことになるので、報酬の問題は切り離せない問題であると思います（第3章Q8、後記8参照）。成年後見業務と比較して、未成年後見業務の報酬について、実際に報酬付与を受けて感じることがあればお聞かせください。

A氏　報酬は、ずばり2年間で60万円でした。成年後見に比べると、買い物に付き合ったり、進学について学校側と面談したりしましたので、本人に会う頻度は多く、身上監護面で多くの時間を費やしていると思います。また、ひょっとしたら相続税がかかる、本当にぎりぎりの状況だったものですから、私がいろいろと手配・調査して、申告ぎりぎりまでいって、結局かからないことが判明したのですが、そういった手間もかかっています。それらを全部書類にして報酬付与の申立てをしましたが、報酬の算出基準はわかりませんでした。身上監護という部分を、これは成年後見でもそうなのですが、もう少し考慮していただければよいのではないかと思います。全く財産がないという事案でもありませんから。

久保　成年後見業務については、家庭裁判所が報酬の目安のようなものを出していますが、未成年後見業務については、どこの家庭裁判所も出していないと思います。では、Bさんは、報酬に関していかがですか。

B氏　報酬に関しては、未成年者といっても、高額な財産を所有している未成年者であれば、本人の財産から報酬をもらうことが可能であると思いますが、その一方で財産のない未成年者がいます。たとえば、相続財産もない、保険金もない、支援金や寄付もなく、年金ももらえないなど、何の支援制度も利用できずに生活保護を受けるしかない境遇の未成年者がいますので、そのような子どもの未成年後見人の報酬については、やはり本人の財産からもらえない、もらいづらいというのがあると思うのです。そのためには、未成年後見人の報酬については、きちんと国が助成するというしくみをつくらな

いといけないと感じています。

久保 厚生労働省の未成年後見人支援事業というスキームもありますが（第5章Q32参照）、Cさん、その点も触れながら何かございますか。

C氏 厚生労働省の未成年後見人支援事業は、親権者がいない等により未成年後見人の選任が必要で、資力の少ない子どもについて、児童相談所が未成年後見人の選任の申立てをするときには、実施主体である都道府県等が、①未成年後見人の報酬の全部または一部を補助する、②未成年後見人および未成年者が加入する損害賠償保険料を補助するという事業です。厚生労働省はこの2点を都道府県等に通知していますが、予算どりをしていない都道府県等もあります。ということで、未成年後見人支援事業があるにもかかわらず、未成年後見人に報酬を支払うことができていない状況です。

　私は、親権停止の審判の申立てをする案件で、未成年後見人を選任する必要があるので、前段階から児童相談所に相談をされていたケースを経験しましたが、県には相談しているが予算がおりる可能性が少ないので未成年後見人への報酬は見込めないということでした。しかし、このまま対応をしなければ、子どもの生命の危険があるので、この事案をきっかけに県で予算どりができるようになればということで、受任しました。親権停止の2年の間、正直な話、無報酬です。親が亡くなっているわけではなく、虐待があって措置で病院に入っているケースなので本人に入る財産はなく、措置費・入院費など、いろいろなものは現物支給です。児童手当も県に入っていきます。子どもの財産は何があるかといったら、ドロップの缶に100円玉を何枚か貯めてあるというぐらいのものなのです。ですから、事案があるのになぜ予算どりをしていないのかと県に申入れをしています。

　成年後見制度利用支援事業の際にも、要綱をつくっていない、予算をまだ組んでいないことを理由に、初めの頃は市長村長申立てがなかなかされないということがありましたが、今では、市町村長申立てをされるケースが出てきており、生活保護受給が必要なほどの成年被後見人に付いていても、いく

らか報酬が入ることがあります。一方、未成年後見の場合は、成年後見よりも数が多いわけではないうえに、資力も意思能力もない子どもを守るという事業なので、積極的にかかわっていって、しっかりと声を上げていく必要があると思います。LSでは、高齢者や障害者に対する虐待防止については熱心に取り組んでいますが、未成年後見に関しては定款にはないということで、個々の会員や、各支部の考えによるところとなっています。同じ虐待なのに、子どもに関しては消極的になっていることを考える必要があるのではないでしょうか。都道府県等に働きかけをする前に、われわれ司法書士が、虐待という人権侵害から守る、権利を擁護するという立場から、未成年後見にかかわっていく必要があると思います。高齢者虐待のある家庭に障害者や子どもがいる、障害者虐待の家庭の中に高齢者や子どもがいることがあるわけですから、私は、垣根をつくらずいっしょに支援しようと取り組んでいます。その支援の中で、たとえば社会福祉士とのつながりができて、未成年後見の事案の相談もくるようになっています。

　われわれが積極的にかかわっていって、都道府県等に対して意見をしていくことができたら、未成年後見人支援事業はよりよい制度になっていくのではないかと思います。

久保　国は未成年後見人支援事業というスキームをつくっていますが、これを児童相談所による申立てに限らず使えるように制度がどんどん広がっていけば、無報酬で取り組んでいる司法書士や弁護士や、ほかの資格者への報酬の手当てになると思います。

6　未成年後見業務の終了に伴う財産の引渡し

久保　成年後見業務においては、多くは本人の死亡によって、その業務が終了します。その際、預かっている財産は相続人に引き継ぐことになりますが、未成年後見業務においては、未成年者本人が20歳になった時に業務が終了して、本人から預かっていた財産を直接引き渡すことになります。場合に

よっては数千万円の預金を引き継ぐケースもあると思います。この財産の引き継ぎについて、子どもと思っていた本人に引き渡すことが不安であるケースがあると思いますが、どのように工夫されていますか。Bさんは、財産の引き継ぎの経験はありますか。

B氏 本人が障害をもっていたので、祖父・祖母にいっしょに来てもらって、本人に渡したことがあります。私は、本人が成人した後ですので、本人の自由にさせるべきだろうと思います。そこに未成年後見人は、あまり口出しをすべきではないという、割とドライな考えをもっています。ただ、もちろん浪費しないで、本当に大切なときに使ってほしいというのは誰もが考えることだと思いますので、本人には、多額の財産が残された意味や経緯、今後は無駄遣いしないで大切なときに使ってほしいということは、おせっかいな大人からの説教ですよと言って、通帳を渡したいと思います。それから当然、投資信託や株式などの元本割れリスクのある金融商品の危険性、儲け話の危険性、悪質商法、詐欺商法などについても話しておく必要はあると思います。

久保 多額の財産がある場合、本人の了解を得たうえで親族に預かってもらう方法や、本人から依頼されて、本人と個別に財産管理委任契約を締結し、たとえば、大きい金額の入っている通帳を未成年後見人だった者に預かってもらうという方法もあると聞ています。Aさんは、この後1年も経たずに引渡しをすることになると思いますが、現時点で何か考えていることがあれば、お聞かせください。

A氏 何らかの財産管理の契約を結んで、引き続き現在と同じように25歳頃まで管理するということを考える一方、Bさんから指摘があったように、20歳になった時点で終わりにするという考え方もあって、私自身が悩んでいます。まず、20歳を迎えて終わるということに関しては、あくまで未成年後見業務というのは20歳までであるということを考えれば、われわれは業務に徹するべきであると考えられます。本人の成人後のことは、本人が考えるべき

193

だということで任せてしまうというのが本筋だと思う半面、私が現在管理をしている中には、自動引き落としをしている部分もありますが、それ以外にも振込送金などいろいろな支払いがありますし、家賃収入のある不動産も所有しています。地元にある不動産を残して上京しているので、いろいろな支払いや不動産の管理を含め、ある日を境に突然単独で管理しなさいというのは無理があると感じています。引き続き、私のやっている管理体制と同じようなことを、取引先の不動産業者にお願いするということが、本人にできるかというと、ちょっとハードルは高いと考えています。その場合は、引き続き2年、3年程度、場合によっては4年程度、私が財産管理を行うということも検討しなければならないと思っています。最近は、そのあたりの話をしています。

久保 業務に徹するとなれば20歳で終了する。20歳を迎えたら自己責任だというのも一理ありますし、ただ、未成年後見人等としてかかわったからこそ心配になりますし、管理してあげたいという気持もあるでしょう。引渡しの方法一つをとっても、きっと千差万別だろうと考えています。

7　本人の相続

久保 子どもが生存して生活して、親が死亡したことにより財産を相続するという業務については想像がつきやすいと思いますが、本人自身の相続について、どのように考えるかということは、大変難しい問題だと思います（第3章Q16参照）。一例ですが、東日本大震災関連で多くの義援金を受けた未成年者が事故で亡くなってしまい、その際、家族は皆津波で流されてしまって、結婚もしていなかったことから、相続人が一人もおらず、相続財産は全部国に帰属したというケースがあったと聞きました。遺言は、法律上15歳から作成することができるとされているとはいえ、誰かに誘導されたと誤解されたり、一度作成した遺言は取り消すまでは有効であるため、10歳代に作成した遺言を忘れてしまい、遺言をつくり直さないといったことがあったり、

いろいろな問題がある部分だと思います。ただ、本人が残した財産が、誰にどのように引き継がれていくのかを知ることは大切なことであると思います。この点について、未成年後見人は本人に説明をしたほうがよいのか、どのような対応をしたらよいのかをお聞きしたいと思います。東日本大震災関連をきっかけに議論になっていることですので、Bさん、何か思うところがあれば、お聞かせください。

B氏 この問題は、司法書士倫理にもかかわる問題かもしれませんので、個人的意見として申し上げます。未成年後見人としては、本人の成長を願って未成年者を支援するという役割があると思いますので、本人が生き続けるということを念頭に活動すべきだと思います。つまり、本人の死亡後を想定して活動すべきではないと思います。ただ、本人が自分が死んだらどうなるのだろうと悩んだり、あるいは病気やけがなどで、自らの死を考えなければならない状況に陥って、自分が死んだ後のことについて相談したいということであれば、そこは未成年後見人としてきちんと答えてあげてよいのではないか、アドバイスしてよいのではないかなと考えます。一般的なケース以外のことについては、あえて遺言のことや、あなたが死んだらこうなるよということまでは積極的に話す必要はないと思います。

久保 Aさんは、どのように考えますか。

A氏 Bさんが整理したとおりですが、本人は若いですから、通常考えれば相当な期間生きるわけで、今の段階で遺言ということを考えません。パートナーができて婚姻をすればその配偶者、子どもができればその子どもが推定相続人となるわけですから、おそらく本人に関しては、私は説明などはしません。少し話が逸れますが、成年後見の場合、相続人がいない高齢者もいますが、まさにBさんが指摘したとおり、本来、本人死亡後の相続のことは成年後見人の業務ではないので、相続を考えた業務は行うべきではない、行わないのが原則ですが、ただ現実問題として、国庫帰属までいかないにしても、相続に相当な困難が予想される、かつ、本人が自分の財産の行き先を心

配しているときには、私は遺言書の作成を勧めています。もちろん本人の能力の問題があるので、医師の診断書をとって行います。ですので、Bさんが指摘したとおり、未成年後見の場合にも、本人が自分の財産の行き先を不安に思っている、あるいは状況的に死というものが近々来ることがありうるというときには、やはり遺言書の作成を勧めると思います。

久保 Cさんは、どのように考えますか。

C氏 私も、15歳で健康な子どもであれば遺言書を書くということは想定していないことで、何らかの持病がある、20歳になるまでに亡くなってしまうという医師の判断があって、本人にも告知されているということであれば別かもしれませんが、やはり未成年後見人は、本人が20歳になるまで支援して、成人後にきちんと巣立てるようにするということが役割だと思います。ですので、私は、そのような発想はおそらく出ないだろうと思います。

8　未成年後見制度の問題点

久保 実際に未成年後見業務に取り組む中で、制度の問題点がわかってくると思います。私の問題意識は、「未成年後見業務と司法書士――平成24年度実施のアンケート結果を踏まえて」月報司法書士505号35頁以下に書かせていただきました。一つ目は公示制度の問題です。成年後見制度と異なり、未成年後見人であることは本人の戸籍に記載されます（第3章Q4、Q20参照）。プライバシーの問題、職務分掌の際の記載の不備など、成年後見制度と同様に後見登記制度に一本化する必要があると思います。二つ目は監督義務者責任（損害賠償責任）の問題です（第3章Q6参照）。そして、三つ目は報酬の問題です（第3章Q8、前記5参照）。

皆様も実際に未成年後見人として業務を経験する中で、制度の問題点や改善点がみえてきていると思います。その点をお聞かせください。

A氏 実際問題になっているわけではありませんが、未成年後見人の損害賠償義務は少し重いと思います。必ずしも専門職後見人が未成年後見人になる

わけではありませんが、若干重いと考えます。立法的な解決が必要かもしれません。

そのほかは、報酬の問題ですね。たとえば、消費者金融に対する過払金返還請求業務に多数の専門家が参入した結果、多くの判例が新たに形成され、貸金業の規制等に関する法律（当時）が改正されました。その結果、曲がりなりにも多重債務者が救済されたわけです。多数の専門家の関与がなければ法改正もなかったと思いますが、やはり報酬をいただけるということが大きかったと思うのです。未成年後見に関しても、家庭裁判所が報酬基準を公表する、国の助成制度を整備するなどして、未成年後見事件を受任する前に、報酬に関してある程度の推測性をもてるということがないと、いくら大切なことである、困っている子どもがいるといっても、活動が拡がっていかないと思います。ですので、報酬に関して何らかの手当てをするべく各自治体に予算を付けるよう、国の制度の構築のためにわれわれが活動したり、あるいは、LSの後見助成制度を未成年後見にも使えるようにしたり、もっといろいろな働きかけをしていく必要があると思っています。

久保 Bさん、いかがですか。

B氏 私は、運用面での注意点として、問題提起の意味で、労働基準法59条の話をしたいと思います。その条文は、「未成年者は、独立して賃金を請求することができる。親権者又は後見人は、未成年者の賃金を代つて受け取つてはならない」という定めになっています。未成年者が就職やアルバイトで給料・賃金を得るようになった場合、その給料・賃金について、未成年後見人が管理する銀行口座等に入金されるようにすべきではなくて、本人が管理する銀行口座等に入金されるようにすべきだと考えています。また、財産管理権限がある未成年後見人は、本人が受領した給料・賃金について管理をする必要があると解釈できるかもしれませんが、受領することはもちろん財産管理もする必要はないと考えています。拡大解釈になるかもしれませんが、むしろ財産管理をすべきではないと私は解釈しています。ただ、全国の家庭

裁判所の運用がどのようになっているのかわかりませんが、おそらく本人が管理している通帳についても、その写しの提出を求められることが家庭裁判所の運用としてはあるかもしれません。そうであっても、本人が受け取った給料・賃金については、未成年後見人は管理すべきではないと考えます。通帳の写しをもらうことがあっても、その使途についても、必要以上に口出しする必要はないと私は考えています。

久保 銀行の取扱いでも、たとえば、同じ金融機関の支店で、未成年後見人が届け出た預金口座と、本人が自由に使える預金口座と、二つを分けてつくることができない銀行のほうがまだ多いと思います。ですので、未成年後見人が届出をしてしまうと、本人は引き出せなくなってしまいますので、そういった銀行の運用もいっしょに変えていかないと実現できないとは思います。

A氏 銀行の預金口座は、皆さんの地域では、そのような扱いになっていますか。私の地域の銀行は、未成年後見人がいても関係なく、親権者が関与して預金口座をつくるのと同様に、本人の名義で口座をつくることができます。ですから、本人に来てもらって、預金口座を二つつくって、一つを本人が自由に使えるようにして、もう一つの大半の財産が入っているほうを私が管理しています。

久保 印鑑は違うのですか。

A氏 印鑑は何でもよいみたいですね。

久保 Aさんが持っている通帳の印鑑と、本人が持っている通帳の印鑑は同じものですか。

A氏 同じものです。同じものですが、本人が使える預金口座については、通帳もカードも本人が持っているので、特段の不便は発生していません。

久保 青森では、成年後見届出書の用紙に記載して提出します。一つの預金口座がロックされてしまうと、たとえば、a銀行だとしたらa銀行の全支店の預金がロックされてしまうので、本人が個人で自由に使える通帳をつくる

ことはできないと言われた経験がありました。

B氏 現在の銀行の実務では、成年後見制度のような届出制度がある銀行とない銀行があり、統一されていないのですよね。

久保 そうですね。そういう実務的なところもありますね。Cさんは、いかがですか。

C氏 先ほども話題に出ましたが、最近では、高齢者虐待や障害者虐待への取組みを通じて、これまで司法書士がかかわっていなかった地域包括支援センターなどの機関との連携がみられます。未成年後見事件に関しても、積極的にかかわっていって、われわれの取組みや実績をアナウンスをしていきたいですね。その中で、報酬の問題をはじめ制度の問題点を提言して、改善していきたいと思います。未成年後見業務では、身上監護面のウエイトがどうしても重くなるので、司法書士が一人で抱えるのではなくて、複数後見の制度ができたのだから、社会福祉士といっしょに受任するなどして連携しながら、より司法書士の力が発揮しやすい形をつくっていくべきだと思います。

9　司法書士が未成年後見業務にかかわる意義

久保 では、最後になりますが、司法書士が未成年後見の分野にかかわる意義は、どこにあるのかという質問をさせていただきたいと思います。Aさんからお聞かせください。

A氏 まず、前提として、未成年後見業務は通常業務なのだというところからスタートしなければならないと思います。実は、Bさん、Cさんと違って、私は1件目なので、まだ「この子はちょっとかわいそうだから」というような意識をもっているところがあるのです。かわいそうだから支援するということではなくて、われわれは業務として支援するのだという自覚をもたなければならないと思います。かつて、先輩から、「業務として何かをやるときには、まず数をこなすことが重要なのだ。数をやるとみえてくるものがあるから、1件、2件やっただけで、この業務はこういうものなのだと決め

第6章 〈座談会〉司法書士と未成年後見業務

付けてはいけない」と言われたことがあります。その助言が今でも心にあって、まずは通常業務として一定の数をやるということを、当然のことだとわれわれは受け止めなければならないと思います。対外的には、われわれが、その意識をベースにして積極的に取り組んでいけば、家庭裁判所や自治体からの信頼、評価は上がるのかもしれませんね。司法書士に対する評価を上げるために取り組むわけではありませんが、成年後見業務がそうであったように、未成年後見の事件に取り組んで、家庭裁判所や自治体ひいては社会からの信頼を得て、より広い家事事件に乗り出していくということが必要だと思っています。

久保 ありがとうございます。Bさんは、いかがですか。

B氏 私は、ある人から言われた言葉を思い出します。「知ってしまった以上黙っていてはいけない、知ってしまった以上やり続けなければいけない」という言葉です。まさにそのようなことがいえると思うのです。われわれ司法書士は、未成年後見をやれるということが、実務でわかってきました。それから、多くの司法書士が未成年後見人として、実際に活動しているということもわかってきました。それを知ってしまったわれわれ司法書士は、もう途中でやめることはできないと思います。

久保 ありがとうございます。本日、いろいろな話をうかがって、司法書士が未成年後見業務に携わることの重要性を、私自身が再認識できました。司法書士は、これまで不動産登記をはじめ、どちらかといえば財産権の保障をメインとして活動してきましたが、成年後見業務という分野で高齢者、障害者の人権にかかわって、そして未成年後見という分野で子どもの権利や人権についてもかかわるようになってきました。Aさんが指摘された通常業務ということにあたるかもしれませんが、司法書士としてできることを最大限発揮して、結果として大きくいえば国民全体の権利保護につながる活動、その一つの分野として未成年後見という分野にかかわることは、司法書士にとって重要であると私自身は思っています。

今回の座談会を一つのきっかけとして、一人でも多くの司法書士が、未成年後見人となって全国で活躍してほしいと期待しています。

本日は、お忙しい中、座談会に参加していただき誠にありがとうございました。

●執筆者紹介●

伊見　真希（いみ・まき）

略　歴　平成8年司法書士登録、千葉司法書士会、日本司法書士会連合会子どもの権利擁護委員会委員長

著書・論文等　「現場からの視点——司法書士と人権擁護活動」月報司法書士507号36頁以下、「権利擁護と司法書士(2)未成年後見人と未成年後見監督人の職務」月報司法書士426号76頁以下、「児童養護施設での取組み——全青司での活動を中心として」市民と法38号66頁以下　ほか

久保　隆明（くぼ・たかあき）

略　歴　平成15年司法書士登録、青森県司法書士会、日本司法書士会連合会子どもの権利擁護委員会副委員長

著書・論文等　『市民後見人養成講座(3)市民後見人の実務』（共著）、「未成年後見業務と司法書士——平成24年度実施のアンケート結果を踏まえて」月報司法書士505号35頁以下

木原　道雄（きはら・みちお）

略　歴　平成16年司法書士登録、愛媛県司法書士会、日本司法書士会連合会子どもの権利擁護委員会委員

著書・論文等　「悪質商法や虐待の被害から社会的弱者を守るために——愛媛県金融広報アドバイザーとして」月報司法書士509号98頁以下、「地域包括支援センターや障害者相談窓口等とのかかわり」消費者法ニュース80号353頁以下

坂本　洋二（さかもと・ようじ）

略　歴　平成23年司法書士登録、大阪司法書士会、日本司法書士会連合会子どもの権利擁護委員会委員

執筆者紹介

早坂　智佳子（はやさか・ちかこ）

略　歴　平成16年司法書士登録、山形県司法書士会、日本司法書士会連合会子どもの権利擁護委員会委員

著書・論文等　「司法書士の心のケア」月報司法書士513号21頁以下　ほか

水溪　ハル映（みずたに・はるえ）

略　歴　平成23年司法書士登録、愛知県司法書士会、日本司法書士会連合会子どもの権利擁護委員会委員

森田　みさ（もりた・みさ）

略　歴　平成14年司法書士登録、宮城県司法書士会、日本司法書士会連合会子どもの権利擁護委員会委員

著書・論文等　「被災地の未成年後見と後見制度支援信託」信託フォーラム2号33頁以下

髙川　理仁（たかがわ・みちひと）

略　歴　平成18年司法書士登録、札幌司法書士会

山﨑　木綿子（やまざき・ゆうこ）

略　歴　平成19年司法書士登録、札幌司法書士会

山口　純子（やまぐち・じゅんこ）

略　歴　平成19年司法書士登録、札幌司法書士会

執筆者紹介

吉田　恒雄（よしだ・つねお）

略　歴　昭和47年早稲田大学法学部卒業、昭和55年早稲田大学大学院法学研究科博士後期課程単位取得満期退学、駿河台大学法学部教授

著書・論文等　『児童虐待への介入——その制度と法〔増補版〕』（編著）、『児童虐待防止法制度——改正の課題と方向性』（編著）、『親族法・相続法〔第4版〕』（共著）　ほか

木下　裕一（きのした・ひろかず）

略　歴　平成8年龍谷大学法学部卒業、平成8年〜平成16年宇治少年院にて法務教官として勤務、平成19年大阪市立大学ロースクール卒業、平成21年12月弁護士登録（大阪弁護士会）、やまびこ法律事務所、大阪弁護士会子どもの権利委員会

吉田　菜穂子（よしだ・なおこ）

略　歴　吉備国際大学大学院修士課程を経て、長崎純心大学大学院博士後期課程修了（修士：社会福祉学、博士：学術・福祉）、社会福祉士・保育士・介護福祉士、平成10年里親登録、平成21年専門里親登録、平成22年小規模住居型児童養育事業「吉田ホーム」開設、福岡県里親会副会長、福岡県宗像地区里親会会長

著書・論文等　『里子事業の歴史的研究——福岡県里親会活動資料の分析』（単著）、『里子・里親という家族——ファミリーホームで生きる子どもたち』（単著）

〔編者所在地〕

日本司法書士会連合会

〒160-0003　東京都新宿区四谷本塩町4番37号

☎03-3359-4171(代)

http://www.shiho-shoshi.or.jp/

未成年後見の実務

平成27年6月16日　第1刷発行	
令和3年1月27日　第2刷発行	定価　本体2,400円＋税

編　者　日本司法書士会連合会
発　行　株式会社　民事法研究会
印　刷　文唱堂印刷株式会社

発行所　株式会社　民事法研究会
〒151-0013　東京都渋谷区恵比寿3-7-16
　　　　　TEL 03(5798)7257　FAX 03(5798)7258（営業）
　　　　　TEL 03(5798)7277　FAX 03(5798)7278（編集）
　　　　　http://www.minjiho.com/　　info@minjiho.com

落丁・乱丁はおとりかえします。　ISBN978-4-86556-017-6 C2032 ¥2400E
表紙デザイン／鈴木　弘

▶家事事件手続法の求める新しい家事調停の当事者支援の指針を示す！

離婚調停・遺産分割調停の実務
―書類作成による当事者支援―

日本司法書士会連合会 編

A5判・486頁・定価 本体4,400円+税

▷▷▷▷▷▷▷▷▷▷ **本書の特色と狙い** ◁◁◁◁◁◁◁◁◁◁◁◁◁◁

▶離婚・遺産分割の調停手続の流れ、実務に必須の基礎知識、申立書等の記載例と作成上のポイントを網羅的に解説して、家事事件手続法の求める新しい家事調停手続における調停申立書等の書類作成を通じた支援の指針を示す！

▶離婚調停では、調停後の諸手続や親子関係の構築にも留意した継続的な支援の視点、遺産分割調停では、円滑な調停の進行や審判への移行を見据えた調停前の法律的整序と長期化予防の視点から、現場の悩みに応える待望の書！

▶申立書等や調停条項の記載例、調停手続の流れやポイントが整理された図表、実務のヒントとなるコラムを豊富に収録しているので実務に至便！

本書の主要内容

第1章 司法書士の家事事件関与と家事事件手続法
第2章 家事調停総論
第3章 離婚調停の手続と実務
 Ⅰ 総 論
 Ⅱ 離婚原因
 Ⅲ 監護権・親権、面会交流
 Ⅳ 養育費
 Ⅴ 財産分与
 Ⅵ 慰謝料
 Ⅶ 離婚時年金分割
 Ⅷ 婚姻費用
 Ⅸ 履行の確保

第4章 遺産分割調停の手続と実務
 Ⅰ 総 論
 Ⅱ 遺産分割の前提問題
 Ⅲ 遺産分割の対象となる遺産
 Ⅳ 遺産の評価
 Ⅴ 特別受益
 Ⅵ 寄与分
 Ⅶ 遺産分割の方法
 Ⅷ 調停成立と調停条項
 Ⅸ 遺産分割の履行に関する諸問題
第5章 民事法律扶助を利用した書類作成援助の実務
第6章 座談会 家事調停の現状・課題と司法書士による支援のあり方

発行 民事法研究会

〒150-0013 東京都渋谷区恵比寿3-7-16
(営業) TEL. 03-5798-7257 FAX. 03-5798-7258
http://www.minjiho.com/　info@minjiho.com

▶遺言執行者に必要な知識と実務を書式を織り込み解説した手引の最新版！

遺言執行者の実務
〔第2版〕

日本司法書士会連合会　編

A5判・428頁・定価　本体4,000円＋税

▷▷▷▷▷▷▷▷▷▷▷▷▷▷▷ 本書の特色と狙い ◁◁◁◁◁◁◁◁◁◁◁◁◁◁◁

▶遺言を実現するための遺言執行者の職務について、就任直後の実務から、相続人・受遺者等への対応、身分行為・登記等の名義変更手続の実際、終了事務までを記載例を織り込みわかりやすく解説！
▶民法・家事事件手続法の基本事項から、実務上問題となる論点についての判例・学説まで網羅した実践のための手引！
▶法改正や新たな判例に基づく加筆を行うとともに、遺言、遺言執行や遺留分に係る論点の記載内容を見直し、記載内容をよりわかりやすくするために、家事審判申立書などについては、関係書式として巻末に収録！
▶家事事件全般の受任にも役立つ判例も多数盛り込まれており、司法書士・弁護士等はもとより、遺言や遺留分について関心を持つ一般の方々や金融機関等にとっても至便の書！

本書の主要内容

第1章　遺言と遺言執行
1　遺言
2　遺贈
3　遺言の執行
4　遺留分

第2章　遺言執行者の業務Q&A
1　はじめに——本章の構成
2　遺言を作成するにあたっての注意点
3　遺言執行者に就任するまで
4　遺言執行者に就任してからの職務
5　具体的な遺言事項の執行方法（1）
　　——身分的な遺言事項
6　具体的な遺言事項の執行方法（2）
　　——各種名義変更手続
7　遺言執行の終了、その他

第3章　遺言執行関連の論点
1　遺言
2　遺言執行
3　遺留分

関係書式・資料
資料1　関係書式
資料2　家事事件別表第一審判事件の添付書類および予納郵券一覧表
資料3　全国司法書士会所在地・連絡先一覧

発行　民事法研究会

〒150-0013　東京都渋谷区恵比寿3-7-16
（営業）TEL. 03-5798-7257　FAX. 03-5798-7258
http://www.minjiho.com/　info@minjiho.com

■ハーグ条約・実施法に対応して改訂増補！■

裁判事務手続講座〈第3巻〉

〔全訂10版〕

書式 家事事件の実務
―審判・調停から保全・執行までの書式と理論―

二田伸一郎・小磯 治 著

A5判・606頁・定価 本体5,200円+税

本書の特色と狙い

▶全訂10版では、ハーグ条約・ハーグ条約実施法に基づく国際的な子の返還申立て、子の監護に関する処分（面会交流）調停申立ての手続・書式を追録！

▶施行から1年半となる家事事件手続法下の実務・運用および最新の判例を収録するとともに、審判・調停手続に関連する実体法の論点と実務上の留意点も解説！

▶103件もの書式・記載例を収録し、理論と実務を一体として詳解した実践手引書として多くの方々から長年にわたり好評を博してきたロングセラー！

▶手続の流れに沿って具体的かつわかりやすく解説しているので、弁護士、司法書士、裁判所関係者などの法律実務家のみならず、法務アシスタントや法律知識にうとい一般の市民にとっても格好の手引書！

本書の主要内容

第1章　家事事件の概要
第2章　家事事件手続
第3章　審判事件の申立て
第4章　調停事件の申立て
第5章　合意に相当する審判事件の申立て
第6章　ハーグ条約・実施法に基づく子の返還申立て
第7章　家事雑事件の申立て
第8章　民事執行法に関する事件の申立て
第9章　その他の申立て
第10章　不服の申立て等
第11章　養育費等の強制執行の申立て
〔参考〕家事事件に関連する制度の概要等

発行 民事法研究会

〒150-0013　東京都渋谷区恵比寿3-7-16
(営業) TEL. 03-5798-7257　FAX. 03-5798-7258
http://www.minjiho.com/　info@minjiho.com